Eine kulinarische Reise durch Thailand

Betörende Düfte laden zum Genießen ein:
Es erwarten Sie exotische Kompositionen – nach Original-Rezepten zubereitet. Sie lernen allerlei Gewürze kennen wie Zitronengras, Curry-Pasten und Fischsauce.
In Thailand verbinden die Menschen Essen immer mit »Sanuk«, Spaß. Serviert wird viel Verschiedenes, gegessen wird in großer Runde: Jeder sucht sich sein Lieblingsgericht aus. Machen Sie es genauso und genießen Sie eine der besten Küchen der Welt!

Die Farbfotos gestalteten
Odette Teubner
und Dorothee Gödert.

INHALT

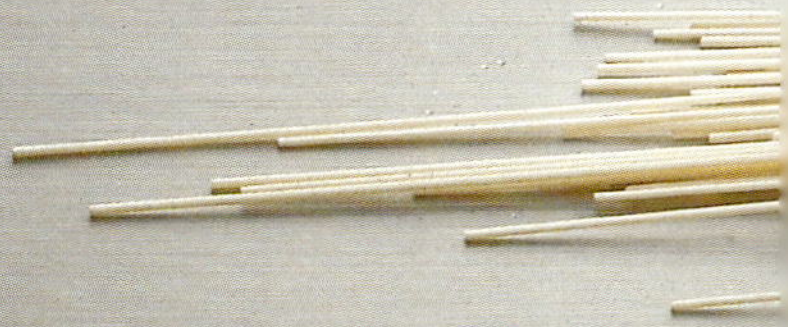

Thailand – Land des Lächelns

Schon allein der Name dieses wunderschönen Landes weckt bei Reisenden und anderen Interessierten die unterschiedlichsten Vorstellungen. Mancher denkt an exotische Tempelbauten, an Teakholzschnitzereien, an Elefanten und Dschungel, ein anderer an Palmen, Sonne und ausgedehnte Strände. Und vielen fällt sicherlich sofort die aufregende thailändische Küche ein. Von allem hat Thailand reichlich zu bieten.
Was dem Neuankömmling in Thailand gleich zu Beginn und während seines gesamten Aufenthaltes begegnet, ist die herzliche Freundlichkeit und der lächelnde Gleichmut von uns Thailändern. So ist unser Land auch als »Land des Lächelns« weltweit bekannt geworden.

Thailand – Land der Freien

Wörtlich übersetzt bedeutet Thailand »Land der Freien«. Und das thailändische Volk trägt diesen Namen zu Recht, da es zwar manchmal besiegt, aber niemals unterworfen wurde. Unsere thailändischen Könige verstanden es immer, wichtige Neuerungen von außen auf die »thaiverträgliche« Art umzuformen.
Thailand liegt im Schnittpunkt verschiedener Völker, Kulturen und Religionen. Es wurde von den Nachbarn beeinflußt, hat aber seine eigenständige Kultur und Sprache, die traditionsreichen Sitten und Gebräuche erhalten. Auch die unverwechselbare, geschmackvolle Küche blieb.

Reis ist in Thailand Mittelpunkt jeder Mahlzeit und wird vor allem im Norden des Landes angebaut.

Essen in Thailand

Wenn Sie durch Bangkok fahren, zu welcher Tages- oder Nachtzeit auch immer, fallen Ihnen die unzähligen Essensstände sicher sofort ins Auge. Das Bild einiger Straßenzüge ist geradezu geprägt davon. Es wird gebraten, gebrutzelt, flambiert, gegrillt und gekocht auf engstem Raum: Ein zur Küche umfunktioniertes Fahrrad oder Motorrad macht den Stand mobil und kann je nach Bedarf an verschiedenen Stellen seinen Zweck erfüllen.
Lassen Sie sich mitten im Gewühl der Stadt oder in einer der kleinen Nebenstraßen auf wackeligen, dreibeinigen Holzhockern nieder und bestellen Sie ganz nach Lust und Laune. Regt eine Beilage vom Nachbarstand Ihren Appetit an, können Sie ungeniert auch dort bestellen, es wird Ihnen nicht übelgenommen und gehört zur Normalität. Vielleicht kommt gerade passend zum Dessert ein vom Eiswürfelwasser tropfender Karren vorbei, auf dem exotische Früchte zum Kauf angeboten werden: ob Papayas, Mangos, Rambutan oder Ananas – bestellen und probieren Sie!
Oder lassen Sie sich ein anderes Mal von den üppigen, äußerst angenehmen Gerüchen leiten. Die tropische Luft ist erfüllt vom Duft verschiedener Currys, Knoblauch, Koriander und Basilikum. Vielleicht können Sie auch Ingwer oder Fischsauce herausriechen. Wenn Sie an einem Reiskocher vorbeikommen, der gerade geöffnet wird, nehmen Sie bitte den lieblichen, unglaublich sympathischen Duft des Reises auf: Sie werden nun verstehen, warum er Khao Hom, Duftreis, heißt.

Das Auge ißt mit

Das gilt für das thailändische Essen ganz besonders. Wir kennen sogar eine Berufsgruppe der Obst- und Gemüse-

schnitzer, die mit ihren verschiedenen Spezialmessern wahre Kunstwerke entstehen lassen: Eine Wassermelone wird zu einem geschnitzten grün-weiß-roten Blumenkunstwerk, aus Möhren entstehen Rosen mit Blättern. Kürbisse werden zu dekorativen Serviergefäßen geschnitzt – wie lange wird der Künstler fürs Schnitzen wohl gebraucht haben?
Und auch Bananenblätter eignen sich dazu, das Auge zu erfreuen: als zurechtgeschnittene Unterlage für frische Früchte oder als Hüllen und Päckchen für verschiedene Leckerbissen. Lassen Sie sich anregen und servieren Sie einmal einen Fruchtsalat in einer ausgehöhlten Wassermelone, in Ananas- oder Papayahälften. Ihre Gäste werden begeistert sein!

Menüplanung

Wir Thailänder kennen keine strengen Regeln bei den Mahlzeiten – weder was den Zeitpunkt, noch was den Inhalt betrifft. Wir essen schon morgens Reis oder Suppe und kennen bei der Hauptmahlzeit keine verschiedenen Gänge, sondern essen viele Gerichte gleichzeitig. Alle Gerichte werden zusammen serviert, so daß der Gast aus der Vielfalt wählen kann. Bei der Zusammenstellung der verschiedenen Gerichte spielt vor allem die Vielfalt eine Rolle: Einem milden Gericht steht ein scharfes gegenüber, einem gegrillten vielleicht ein gedämpftes, einem flüssigen eventuell ein knuspriges. Auch die Zutaten sollten möglichst unterschiedlich sein. Dem Fischgericht steht zum Beispiel ein Fleischgericht gegenüber. Als Faustregel gilt: Je größer die Anzahl der Speisen und je unterschiedlicher die Auswahl, desto besser. Als absolutes Mindestmaß gelten eine Suppe und zwei Hauptgerichte. Aber: Seien Sie nicht starr, variieren Sie, reichern Sie an, geben Sie Kleinigkeiten hinzu, ver-

Aus Teak-Holz erbaut – stattliches Gebäude in paradiesischer Atmosphäre.

wöhnen Sie die Gäste durch Vielfalt. Das macht »Sanuk«, Spaß, wie Thailänder sagen.

Reis

Im Mittelpunkt jeder Mahlzeit steht der Reis, der bei uns Thailändern eine grundlegende Rolle spielt. Wir wissen um die Mühen des Reisbauens in unserem Lande und haben deshalb ein wenig Ehrfurcht vor ihm. Reis darf nicht verschwendet oder gar weggeworfen werden, es sollte selbst das letzte Körnchen gegessen werden. Oft wird – vor allem in den ärmeren Gegenden – der Reis ohne Beilagen gegessen, lediglich etwas Fischsauce dient als Würze. Es gibt etliche verschiedene Reissorten, wir bevorzugen aber den Duft- oder Parfumreis. Er wird ohne Zugabe von Salz gekocht. Wenn Sie täglich Reis essen, lohnt sich die Anschaffung eines speziellen Reis-Dampfkochers.
Im Norden und im Osten Thailands bevorzugt man den Klebreis, dessen Körner nach dem Kochen fest aneinanderkleben und so auch gut mit der Hand gegessen werden können. Er muß vor dem Garen mit Wasser bedeckt über Nacht eingeweicht werden.
Damit Ihnen das Reiskochen auch immer gut gelingt, hier das wichtigste Grundrezept.

Essen wird auch hier groß geschrieben – schwimmende Märkte in Thailand.

Gekochter Reis
Khao Suay

Zutaten für 4 Personen:
250 g thailändischer Duftreis
etwa 3/4 l Wasser

Gelingt leicht

Pro Portion etwa:
910 kJ/220 kcal
5 g Eiweiß · 1 g Fett
46 g Kohlenhydrate

- Zubereitungszeit: etwa 20 Minuten

1. Den Reis kalt abspülen und in einen größeren Topf geben. Mit so viel Wasser auffüllen, daß es 2 cm über dem Reis steht.

2. Den Reis zugedeckt zum Kochen bringen, dann den Deckel abnehmen und die Hitze verringern. Wenn der Reis leicht köchelt, den Deckel wieder auflegen und den Reis bei schwacher Hitze etwa 20 Minuten garen, bis er das Wasser vollständig aufgenommen hat.

Tip!
Für gebratene Reisgerichte den Reis ohne Deckel vollständig auskühlen lassen.

Die Original-Zutaten

Austernsauce
(Naam Manhoy)
Diese dickflüssige Würzsauce ist in Flaschen erhältlich. Sie wird aus Austernextrakt und Sojasauce hergestellt und ist im Kühlschrank über Monate hinweg haltbar.

Bambussprossen
(Nohmay)
Mittlerweile in allen gut sortierten Supermärkten in Dosen erhältlich, frisch gibt es sie in asiatischen Geschäften. Fein geschnitten verwendet man sie für Fleisch- und Gemüsegerichte.

Basilikum
In diesem Buch werden zwei Arten verwendet: Basilikum (Bai Horapch) und rotes Basilikum (Bai Grapau). Wird in den Rezepten »thailändisches Basilikum« genannt, ist immer Bai Horapch gemeint. Es sollten nur frische Blätter verwendet werden. Thailändisches Basilikum bekommen Sie in asiatischen Geschäften; es kann nicht durch hiesiges ersetzt werden.

Baumpilze
(Mu-Err-Pilze)
Diese Pilze gibt es in Lebensmittelmärkten getrocknet zu kaufen. Man weicht sie in heißem Wasser etwa 20 Minuten ein. Dann eventuell die harten Stiele entfernen.

Chili
(Prik)
Chilischoten bekommen Sie in asiatischen Geschäften in verschiedenen Farben und Größen. Je kleiner sie sind, desto schärfer würzen sie. Wenn Sie nicht so scharf essen können, entkernen Sie die Chilischoten und verringern die in den Rezepten angegebenen Mengen nach Ihrem Geschmack.

Curry-Pasten
In meinen Rezepten finden Sie immer wieder die Verwendung verschiedener Curry-Pasten. Wir Thailänder lieben sie sehr und ich stelle sie in Thailand auch selbst her. Da diese Curry-Pasten jedesmal etwas anders schmecken und die Beschaffung der Zutaten in Europa nicht immer einfach ist, empfehle ich fertig gekaufte Curry-Pasten. Sie sind von exzellenter Qualität und vereinfachen die Zubereitung thailändischer Gerichte erheblich. Asiatische Lebensmittelgeschäfte haben alle in diesem Buch genannten Curry-Pasten und bieten manchmal auch offene Mischungen an. Die Curry-Pasten halten sich im Plastikbeutel mehrere Monate imKühlschrank. Ich verwende in diesemBuch folgende Curry-Pasten (im asiatischen Lebensmittelgeschäft bei Einkauf den Thai-Namen angeben):
- Rote Curry-Paste (Gäng Ped Däng)
- Grüne Curry-Paste (Gäng Kiau Wan)
- Panäng Curry-Paste (Gäng Panäng)
- Massaman Curry-Paste (Gäng Massaman)

- Geröstete Curry-Paste (Naam Prik Pao)

Fischsauce
(Naam Plaah)
Sie ist eine dünnflüssige Sauce aus fermentiertem Fisch, die anstelle von Salz verwendet wird.

Frühlingsrollen-Hüllen
Gibt es gefroren oder getrocknet in Asien-Läden zu kaufen. Als Ersatz können Sie hauchdünne Pfannkuchen backen.

Galgant
(Khaa)
Die Wurzel, auch Galanga oder »siamesischer Ingwer« genannt, ist etwas größer und heller als Ingwer und hat rosarote Spitzen. Statt Galgant können Sie auch Laos-Pulver (nach den Angaben auf der Packung) verwenden. Galgant ist in asiatischen Geschäften erhältlich und läßt sich sehr gut einfrieren.

Ingwer
(Khing)
Die frischen Ingwerknollen werden vor der Verwendung geschält und fein gestiftelt oder gerieben. Mit Sand bedeckt kann man die Wurzeln längere Zeit aufbewahren.

Kokosmilch
(Gatih)
In Dosen in asiatischen Geschäften erhältlich. Sie können Kokosmilch aber auch selbst herstellen: 250 g Kokosflocken mit gut 1/4 l kochendem Wasser übergießen und etwa 15 Minuten ziehen lassen. Dann gut durchkneten und durch ein Tuch gießen, gut ausdrücken. Lassen Sie diese Milch im Kühlschrank stehen, so setzt sich die dicke Kokosmilch ab.

Koriander
(Pak Chii)
In asiatischen Geschäften und in gut sortierten Gemüsehandlungen erhältlich. Sie können Korianderpflanzen auch problemlos aus Koriandersamen ziehen. Frischer Koriander wird in Asien-Läden mit der Wurzel verkauft, die in den Rezepten oft verwendet wird. Zur Not können Sie sich mit einer Petersilienwurzel behelfen, der Geschmack des jeweiligen Gerichtes ist dann aber nicht mehr typisch thailändisch.

Palmzucker
(Naam Taan Pieb)
Er wird aus dem Saft von Kokospalmen gewonnen. Brauner Rohrzucker ist ein guter Ersatz.

Reisnudeln
(Kui Tiao)
Diese flachen weißen Nudeln werden aus Reismehl hergestellt. Es gibt sie in verschiedenen Breiten, der Zusatz »Sen jai« beispielsweise bezeichnet eine Nudel von 2–3 cm Breite.

Sojabohnensprossen
(Too Gnooh)
Die frischen Sprossen sind inzwischen in vielen Supermärkten erhältlich. Sie können die Bohnen auch selbst keimen lassen.

Sojasauce
(Naam Sii luh)
In diesem Buch wird helle (Naam Sii luh Khao) und dunkle Sojasauce (Naam Sii luh Damm) verwendet. Achten Sie beim Einkauf darauf, daß Sie keine gesüßte Sojasauce nehmen.

Tapiokamehl
Ein Stärkemehl aus der Tapiokaknolle.

Zitronenblätter
(Bei Magrud)
Sie werden entweder im Ganzen mitgekocht oder in haarfein geschnittene Streifen unter die Gerichte gezogen. Ganze Blätter vor dem Essen herausfischen, klein geschnittene können Sie mitessen. Die Blätter lassen sich gut einfrieren.

Zitronengras
(Ta-Krai)
Es handelt sich hier um lange Stengel, wovon nur die untere Hälfte verwendet wird. Zitronengras vor dem Verwenden mit einem starken Messer flachdrücken, damit es das Aroma besser abgibt und mitkochen. Vor dem Essen die Stengel wieder herausnehmen.

Die wichtigsten Zutaten: 1. Bambussprossen, 2. Ingwer, 3. helle Sojasauce 4. Fischsauce, 5. Austernsauce, 6. Reisnudeln, 7. Panäng-Curry-Paste, 8. rote Curry-Paste, 9. Galgant, 10. geröstete Curry-Paste, 11. Massaman Curry-Paste 12. grüne Curry-Paste, 13. Kokosmilch, 14. Palmzucker, 15. Tapiokamehl, 16. Sojabohnensprossen, 17. Baumpilze, 18. Basilikum, 19. Frühlingsrollen-Hüllen, 20. Basilikum, rot, 21. Koriander, 22. Zitronenblätter, 23. Zitronengras, 24. Chilischoten.

1
2
3
4
5
6
8
9
10
12
13
14
15
16
18
19
20
21
22
23
24

Chilisauce mit Koriander

Naam Plaah Prik

Zutaten für 4 Personen:
4 frische thailändische Chilischoten
2 Knoblauchzehen
3 Eßl. Fischsauce
2 Eßl. Zitronensaft
1 Stengel frischer Koriander

Gut vorzubereiten

Pro Portion etwa:
45 kJ/10 kcal
1 g Eiweiß · 0 g Fett
2 g Kohlenhydrate

- Zubereitungszeit: etwa 15 Minuten

1. Die Chilischoten waschen, vom Stiel befreien und im Mörser zerstampfen oder in feine Ringe schneiden.

2. Den Knoblauch schälen und fein hacken. In einer kleinen Schüssel mit den Chilis, der Fischsauce und dem Zitronensaft verrühren.

3. Den Koriander waschen. Den Stengel sowie die Blätter fein schneiden und zu der Chilisauce geben.

Variante:
Sie können unter die Sauce auch sehr fein geschnittene Scheiben einiger Schalotten oder einer violetten Zwiebel geben.

Süß-sauer-scharfe Sauce

Naam Jim Priau Wan

Zutaten für 4 Personen:
1/2 rote Paprikaschote
1 Knoblauchzehe
2 frische rote thailändische Chilischoten
5 Eßl. Wein- oder Reisessig
10 Eßl. Zucker

Berühmtes Rezept

Pro Portion etwa:
620 kJ/150 kcal
0 g Eiweiß · 0 g Fett
36 g Kohlenhydrate

- Zubereitungszeit: etwa 45 Minuten

1. Die Paprikaschote vom Stielansatz und den Kernen befreien und waschen. Den Knoblauch schälen, die Chilischoten waschen und die Stiele abschneiden.

2. Die Paprikahälfte, die Knoblauchzehe und die Chilischoten im Mörser zerstampfen und anschließend in einen kleinen Topf geben.

3. 1/4 l Wasser, den Essig und den Zucker hinzugeben und aufkochen lassen.

Tip!
Die Sauce können Sie warm oder kalt servieren. Sie hält sich in einem gut verschlossenen Glas im Kühlschrank bis zu vier Wochen.

4. Die Sauce offen bei schwacher bis mittlerer Hitze etwa 30 Minuten leicht kochen lassen, bis sie leicht sämig ist.

Variante:
Unter die Sauce können Sie auch hauchdünne Gurkenscheiben oder gestampfte Erdnüsse mischen.

Einfache Chilisauce

Naam Jim Prikbon

Zutaten für 4 Personen:
2 Knoblauchzehen
4 Eßl. Fischsauce
2 Eßl. Zitronensaft
1 Eßl. Palmzucker oder brauner Zucker
1 Eßl. Chilipulver

Gelingt leicht

Pro Portion etwa:
100 kJ/25 kcal
1 g Eiweiß · 0 g Fett
6 g Kohlenhydrate

- Zubereitungszeit: etwa 10 Minuten

1. Den Knoblauch schälen, im Mörser zerstampfen.

2. Die Fischsauce, den Zitronensaft, den Palmzucker und das Chilipulver dazugeben. So lange verrühren, bis sich der Zucker gelöst hat.

Im Bild oben: Süß-sauer-scharfe Sauce
Im Bild Mitte: Einfache Chilisauce
Im Bild unten: Chilisauce mit Koriander

Suppe mit Teigtäschchen

Geau Naam

Zutaten für 4 Personen:
4 Knoblauchzehen
100 g gemischtes Hackfleisch
schwarzer Pfeffer, frisch gemahlen
4 Eßl. Fischsauce
20 tiefgefrorene chinesische Teigscheiben (Wan-Tan-Teig)
1 Eßl. Öl
2 Eßl. gekörnte Rindsboullion
Zum Garnieren: frischer Koriander

Gelingt leicht

Pro Portion etwa:
810 kJ/190 kcal
7 g Eiweiß · 14 g Fett
10 g Kohlenhydrate

- Zubereitungszeit: etwa 30 Minuten

1. 1 Knoblauchzehe schälen und sehr fein hacken. Das Hackfleisch mit dem Pfeffer, dem Knoblauch und 1 Eßlöffel Fischsauce würzen.

2. Je 1 knappen Teelöffel des Hackfleisches in die Mitte 1 Teigscheibe legen und die vier Ecken nach oben zusammenlegen. Jetzt in der Mitte leicht zusammendrücken.

3. Die übrigen Knoblauchzehen schälen, fein hacken und in dem Öl bei schwacher bis mittlerer Hitze goldgelb braten.

4. 1 1/2 l Wasser in einem Topf aufkochen und die Rindsboullion einrühren. 3 Eßlöffel Fischsauce untermischen. Die Teigtäschchen vorsichtig in die schwach kochende Brühe legen und bei schwacher Hitze etwa 1 Minute ziehen lassen.

5. Die Suppe mit den Korianderblättern und dem Knoblauch bestreut servieren.

Hühnersuppe mit Zitronengras

Tom Khaa Gai

Zutaten für 4 Personen:
2 Stengel Zitronengras
1 Stück frischer Galgant (Khaa; etwa 5 cm lang)
3 Zitronenblätter
250 g Austernpilze oder Champignons
2 mittelgroße Tomaten
3 frische thailändische Chilischoten
500 g Hühnerbrustfilet
1 Dose Kokosmilch (400 ml)
4 Eßl. Zitronensaft
4 Eßl. Fischsauce
Zum Garnieren: frischer Koriander

Berühmtes Rezept

Pro Portion etwa:
720 kJ/170 kcal
31 g Eiweiß · 2 g Fett
6 g Kohlenhydrate

- Zubereitungszeit: etwa 30 Minuten

1. Das Zitronengras waschen und in etwa 3 cm große Stücke schneiden. Den Galgant waschen und in dünne Scheiben schneiden. Die Zitronenblätter waschen und vierteln.

2. Die Pilze putzen und in mundgerechte Stücke schneiden. Die Tomaten waschen, vierteln und von den Stielansätzen befreien. Die Chilis waschen und in dünne Ringe schneiden. Die Hühnerbrust in etwa 1 cm breite und 4 cm lange Streifen schneiden.

3. Die Kokosmilch erhitzen. Das Zitronengras, die Zitronenblätter und den Galgant dazugeben. Die Kokosmilch bei mittlerer Hitze ohne Deckel etwa 2 Minuten kochen lassen.

4. Etwa 3/4 l Wasser dazugießen und erhitzen. Das Fleisch, die Pilze und die Tomaten dazugeben und bei schwacher Hitze offen weitere 5 Minuten köcheln lassen.

5. Die Chilis, den Zitronensaft und die Fischsauce in eine Suppenschüssel geben. Die heiße Suppe hineingießen, mit Koriander garnieren und servieren.

Variante:
Diese feurige Suppe schmeckt auch mit Rotbarsch- oder Kabeljaufilet.

> **Tip!**
> Sowohl Zitronengras als auch Galgant werden nur als Gewürz verwendet, deshalb nie mitessen.

Im Bild oben:
Hühnersuppe mit Zitronengras
Im Bild unten: Suppe mit Teigtäschchen

Glasnudelsuppe mit Hackfleisch

Gäng Djüt Wunsen

Zutaten für 4 Personen:
100 g Glasnudeln
2 Stengel frischer Koriander
5 lange Chinakohlblätter
3 Knoblauchzehen
1/2 Teel. Pfefferkörner
1/2 Teel. Salz
250 g gemischtes Hackfleisch
2 Eßl. gekörnte Rindsboullion
3 Eßl. Fischsauce

Schnell · Preiswert

Pro Portion etwa:
910 kJ/220 kcal
14 g Eiweiß · 13 g Fett
13 g Kohlenhydrate

- Zubereitungszeit: etwa 20 Minuten

1. Die Glasnudeln in warmem Wasser etwa 10 Minuten einweichen, abtropfen lassen und einige Male durchschneiden.

2. Den Koriander waschen, die Blätter und die Stengel hacken. Die Wurzeln beiseite legen. Die Chinakohlblätter waschen und in Streifen schneiden. Den Knoblauch schälen und mit den Korianderwurzeln, dem Pfeffer und dem Salz im Mörser stampfen.

3. Das Hackfleisch mit etwas Pfeffer und Salz würzen. 1 l Wasser mit der Boullion und der Knoblauch-Korianderpaste zum Kochen bringen, das Hackfleisch mit einer Gabel vom Brett in die Suppe schaben und etwa 2 Minuten darin bei mittlerer Hitze kochen lassen.

4. Den Chinakohl, die Glasnudeln und die Fischsauce unter die Suppe rühren und nochmals etwa 1 Minute kochen lassen. Die Suppe mit Salz abschmekken. Den gehackten Koriander sowie etwas Pfeffer über die Suppe geben.

Feurige Garnelensuppe

Tom Yam Gung

Zutaten für 4 Personen:
500 g mittelgroße rohe Garnelen
1 Stengel frischer Koriander
mit Wurzel
1/2 Teel. schwarze Pfefferkörner
300 g Champignons
3 Zitronenblätter
2 Stengel Zitronengras
1 Stück frischer Galgant
(Khaa; 4–5 cm lang)
4 frische thailändische Chilischoten
3 Eßl. Zitronensaft
3 Eßl. Fischsauce

Etwas teurer

Pro Portion etwa:
540 kJ/130 kcal
26 g Eiweiß · 2 g Fett
2 g Kohlenhydrate

- Zubereitungszeit: etwa 45 Minuten

1. Die Garnelen schälen und den Kopf abtrennen, das Schwanzende unbedingt daranlassen. Die Garnelen am Rücken längs leicht einschneiden, den Darm entfernen.

2. Die Garnelenköpfe und die -schalen mit 1 1/2 l Wasser aufkochen. Die Korianderwurzel abschneiden, waschen und mit den Pfefferkörnern im Mörser zerstampfen. Beides zum Garnelenfond geben und diesen bei mittlerer Hitze etwa 5 Minuten leicht kochen lassen. Durch ein feines Sieb geben.

3. Die Champignons putzen, waschen und halbieren. Die Zitronenblätter und das Zitronengras waschen, die Blätter vierteln, die Stengel in etwa 3 cm lange Stücke schneiden und im Mörser zerquetschen. Den Galgant waschen und in dünne Scheiben schneiden.

4. Die Chilis putzen und in Ringe schneiden. Mit dem Zitronensaft und der Fischsauce in eine Schüssel geben.

5. Den Garnelenfond mit dem Zitronengras, den -blättern und dem Galgant etwa 2 Minuten kochen lassen. Die Garnelen und die Pilze hinzugeben und weitere 3 Minuten bei mittlerer Hitze schwach kochen lassen. Das Zitronengras, die -blätter und den Galgant aus der Suppe nehmen.

6. Die Suppe zu der Chilimischung geben. Mit Koriander garniert servieren.

Im Bild oben: Feurige Garnelensuppe
Im Bild unten:
Glasnudelsuppe mit Hackfleisch

Fleischspießchen mit Erdnußsauce

Muh Saté

Wir Thais lieben diese ursprünglich aus Indonesien stammenden Fleischspießchen sehr. Ich empfehle sie sowohl als Vorspeise wie als Zwischenmahlzeit oder auch nebenbei zu anderen Gerichten.

Zutaten für 4 Personen:
500 g Schweinefleisch von der Nuß
150 geröstete Erdnüsse
etwa 40 Holzspießchen
1 Stück frischer Galgant
(Khaa; etwa 2 cm lang)
1 Stengel Zitronengras
1 Teel. Koriandersamen
1 Teel. Kreuzkümmelkörner
1 1/2 Teel. Salz
1/2 Teel. schwarzer Pfeffer
100 g Zucker
1 Eßl. Currypulver
1 Dose Kokosmilch (400 ml)
3 Eßl. Öl
2 Eßl. rote Curry-Paste (Gäng Ped)
3 Eßl. Palmzucker oder
brauner Zucker
etwa 1/4 l Wein- oder Reisessig
1 Salatgurke
5 Schalotten
1 frische rote Pfefferschote

Braucht etwas Zeit

Pro Portion etwa:
2700 kJ/640 kcal
37 g Eiweiß · 37 g Fett
43 g Kohlenhydrate

- Zubereitungszeit: etwa 2 Stunden (davon 1 Stunde Marinierzeit)

1. Das Schweinefleisch quer zur Faser so dünn wie möglich in Scheiben, dann in etwa 10 cm lange und 3 cm breite Streifen schneiden. Die Erdnüsse im Mörser zerstampfen und beiseite stellen. Die Holzspießchen in Wasser einlegen, damit sie später auf dem Grill nicht so leicht verbrennen.

2. Den Galgant schälen und klein hacken, das Zitronengras in dünne Scheiben schneiden. Beides zusammen mit dem Koriander und dem Kreuzkümmel im Mörser zerstampfen. Das Schweinefleisch damit würzen. 1/2 Teelöffel Salz, den Pfeffer, 1 Eßlöffel Zucker, das Currypulver und 3 Eßlöffel dicke Kokosmilch untermischen.

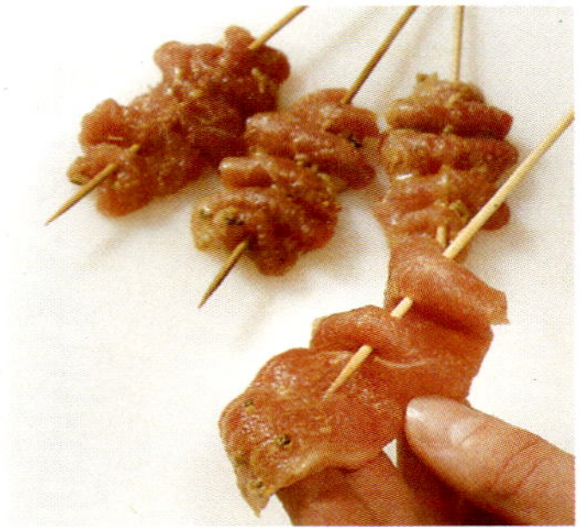

3. Das Schweinefleisch mindestens 1 Stunde marinieren lassen und anschließend der Länge nach ziehharmonikaartig auf die eingeweichten Spießchen stecken.

4. Das Öl in einem kleinen Topf erhitzen. Die Curry-Paste kurz anbraten, die restliche Kokosmilch hineinrühren und etwa 1 Minute kochen lassen. Die Erdnüsse, den Palm- oder braunen Zucker, 1 Teelöffel Salz und 3 Eßlöffel Essig hinzugeben und die Sauce bei schwacher Hitze etwa 15 Minuten köcheln lassen, bis sie sämig ist.

5. Die Gurke schälen, der Länge nach vierteln und in hauchdünne Scheiben schneiden. Die Schalotten schälen und ebenfalls in hauchdünne Scheiben schneiden. Die Pfefferschote waschen, entstielen und entkernen; dann in dünne Ringe schneiden.

6. 1/8 l Wasser mit dem restlichen Essig, dem restlichen Zucker und 1 Messerspitze Salz etwa 1 Minute kochen und anschließend abkühlen lassen.

7. Kurz vor dem Servieren die Gurkenmischung mit der abgekühlten Sauce mischen und abschmecken.

8. Die Spießchen entweder auf dem Holzkohlengrill oder im Backofen bei 200° garen, bis sie gebräunt sind. Mit der lauwarmen Erdnußsauce und dem Salat servieren.

Variante:
Sie können auch Rindersteak- oder Hühnerbrustfleisch verwenden.

Tip!

In Asien-Läden werden auch fertige Gewürzmischungen für Saté (auch: Satay) geführt. Fragen Sie danach! Auch die Erdnußsauce gibt es dort im Beutel fertig gemischt zu kaufen.

Hackfleisch-toast

Kanompan Nah Muh

Zutaten für 4 Personen:
6 Scheiben altbackenes Toastbrot
1 Knoblauchzehe
200 g gemischtes Hackfleisch
1 Ei
Salz · Pfeffer
1 Eßl. dunkle Sojasauce
1 l geschmacksneutrales Pflanzenöl

Schnell · Gelingt leicht

Pro Portion etwa:
2400 kJ/570 kcal
14 g Eiweiß · 50 g Fett
15 g Kohlenhydrate

- Zubereitungszeit: etwa 20 Minuten

1. Das Toastbrot entrinden und vierteln. Den Knoblauch schälen und fein hacken.

2. Das Hackfleisch mit dem Ei, dem Knoblauch, Salz, Pfeffer und der Sojasauce mischen und würzen. Die Toastviertel mit je etwa 1 Teelöffel davon bestreichen.

3. Das Öl in einem Topf erhitzen. Die Toaststückchen darin in etwa 3 Minuten ausbacken, abfetten lassen und mit süß-sauer-scharfer Sauce (Rezept Seite 10) servieren.

Tip!
Verwenden Sie in jedem Fall altbackenes Toastbrot, es saugt sich nicht so voll.

Frühlingsrollen

Pbo-Pbia

Frühlingsrollen sind in Thailand eine sehr beliebte Vorspeise. Die Zubereitung der Teighüllen ist allerdings etwas kompliziert, ich empfehle deshalb gefrorene Hüllen aus dem Asien-Laden.

Zutaten für 5 Personen:
20 tiefgefrorene Teigstücke
für Frühlingsrollen (20x20 cm)
100 g Glasnudeln
100 g Weißkohl
50 g Möhren
2 Knoblauchzehen
2 Eßl. Öl
250 g gemischtes Hackfleisch
2 Eßl. Fischsauce
1 Eßl. Zucker
2 Eßl. Austernsauce
1 Eiweiß
1 l geschmacksneutrales Pflanzenöl

Für Gäste

Pro Portion etwa:
1900 kJ/450 kcal
12 g Eiweiß · 37 g Fett
16 g Kohlenhydrate

- Zubereitungszeit: etwa 1 Stunde

1. Die Frühlingsrollenhüllen auftauen lassen. Die Glasnudeln in warmem Wasser etwa 10 Minuten einweichen. Dann abtropfen lassen und mit der Schere kleinschneiden.

2. Den Weißkohl und die Möhren putzen, waschen und in feine Streifen schneiden. Die Knoblauchzehen schälen und durch die Presse drücken.

3. Das Öl in einer Pfanne erhitzen. Den Knoblauch darin kurz braten. Das Hackfleisch hinzugeben und etwa 2 Minuten unter Rühren bei starker Hitze durchbraten. Den Weißkohl, die Möhren und die Glasnudeln dazugeben. Mit der Fischsauce, dem Zucker und der Austernsauce würzen und etwa 3 Minuten bei mittlerer Hitze weiterbraten. Dann abkühlen lassen.

4. Je 2 Eßlöffel Füllung in die Mitte der Teighüllen legen. Eine Spitze der Hülle weit über die Füllung legen, 2 Umdrehungen fest aufrollen, die Seiten nach innen einschlagen, und dann den Rest fest aufrollen. Das Ende mit Eiweiß bestreichen und fest andrücken.

5. Das Öl in einem Topf erhitzen. Es ist heiß genug, wenn an einem hölzernen Kochlöffelstiel kleine Bläschen aufsteigen. Die Frühlingsrollen im heißen Öl etwa 3 Minuten goldgelb fritieren, abtropfen lassen und mit süß-sauer-scharfer Sauce (Rezept Seite 10) servieren.

Tip!
Die ungebackenen Frühlingsrollen eignen sich gut zum Einfrieren. Legen Sie sich einen Vorrat an!

Im Bild rechts: Hackfleischtoast
Im Bild links: Frühlingsrollen

Hackfleisch-plätzchen mit Mais

Tod Man Khao Pod

Zutaten für 4 Personen:
1 Dose Maiskörner (340 g)
2 Knoblauchzehen
100 g gemischtes Hackfleisch
1 Teel. Salz · 1/2 Teel. Pfeffer
1 Eigelb
1 Teel. Zucker
2 Eßl. Mehl
etwas Paniermehl zum Wenden
1 l geschmacksneutrales Pflanzenöl

Gelingt leicht

Pro Portion etwa:
2300 kJ/550 kcal
9 g Eiweiß · 45 g Fett
24 g Kohlenhydrate

- Zubereitungszeit: etwa 40 Minuten

1. Den Mais sehr gut abtropfen lassen und zusätzlich mit Küchenpapier abtupfen. Den Knoblauch schälen und durch die Knoblauchpresse drücken.

2. Das Hackfleisch mit dem Knoblauch, dem Salz und dem Pfeffer, dem Eigelb, dem Zukker, dem Mehl und den Maiskörnern mischen.

3. Je 1 Eßlöffel der Hackfleischmasse zu einem etwa 4 cm großen Plätzchen formen, in dem Paniermehl wenden und dieses leicht anklopfen.

4. Das Öl in einem Topf erhitzen. Es ist heiß genug, wenn an einem hölzernen Kochlöffelstiel, den Sie ins Fett tauchen, kleine Bläschen aufsteigen. Die Hackfleischplätzchen im Öl etwa 3 Minuten ausbacken, dann auf Küchenpapier abfetten lassen. Mit süß-sauer-scharfer Sauce (Rezept Seite 10) servieren.

Tip!

Verfeinern Sie die süß-sauer-scharfe Sauce mit gestampften Erdnüssen und geschälter, geviertelter und in feine Scheiben geschnittener Salatgurke.

Gebackene Schweinefleischbällchen

Muh Sarong

Zutaten für 4 Personen:
1 Knoblauchzehe
250 g gemischtes Hackfleisch
1/2 Teel. Pfeffer
2 Eßl. Fischsauce
1 Eßl. dunkle Sojasauce
100 g Mehl · 1 Ei
1/2 Teel. Salz · 1 Eiweiß
1 l geschmacksneutrales Pflanzenöl

Raffiniert · Preiswert

Pro Portion etwa:
2100 kJ/500 kcal
17 g Eiweiß · 39 g Fett
21 g Kohlenhydrate

- Zubereitungszeit: etwa 1 Stunde

1. Den Backofen auf 200° vorheizen. Den Knoblauch schälen und fein hacken.

2. Das Hackfleisch mit dem Knoblauch, dem Pfeffer, der Fisch- und der Sojasauce mischen und gut durchkneten. Zu Kugeln mit etwa 3 cm Durchmesser formen und auf ein mit Alu-Folie ausgelegtes und mit Öl bepinseltes Backblech legen.

3. Die Bällchen im heißen Ofen etwa 15 Minuten backen und anschließend abkühlen lassen.

4. Inzwischen das Mehl mit dem Ei, etwas Salz und wenig Wasser zu einem elastischen Nudelteig verarbeiten, der nicht kleben darf. Den Teig auf wenig Mehl sehr dünn ausrollen und in etwa 3 mm breite Streifen schneiden.

5. Ein Ende eines Streifens in Eiweiß tunken und eng um ein Hackfleischbällchen wickeln. Das andere Ende ebenfalls in Eiweiß tunken und andrücken. Alle Hackfleischbällchen auf diese Weise mit Nudelstreifen umwickeln, bis sie ganz davon bedeckt sind.

6. Das Öl in einem Topf erhitzen. Die Hackfleischbällchen darin in etwa 3 Minuten goldgelb ausbacken, dann auf Küchenpapier abfetten lassen. Sofort mit süß-sauer-scharfer Sauce (Rezept Seite 10, Variante mit Erdnüssen und Gurken wählen) servieren.

Im Bild oben:
Gebackene Schweinefleischbällchen
Im Bild unten:
Hackfleischplätzchen mit Mais

Tintenfisch-salat

Yam Plaah Mük

Zutaten für 4 Personen:
Je 1 mittelgroße weiße und rote Zwiebel
3 Knoblauchzehen
5 frische thailändische Chilischoten
1 Stengel frischer Koriander mit Wurzel
3 Eßl. Fischsauce
3 Eßl. Zitronensaft
1 Teel. Zucker
500 g küchenfertiger Tintenfisch (ohne Kopf und Fangarme)

Braucht etwas Zeit

Pro Portion etwa:
460 kJ/110 kcal
20 g Eiweiß · 1 g Fett
5 g Kohlenhydrate

- Zubereitungszeit: etwa 1 Stunde

1. Die Zwiebeln schälen und in feine Ringe schneiden, noch einmal halbieren. Den Knoblauch schälen, die Chilis waschen und putzen. Den Korianderstengel waschen, die Wurzel abschneiden. Die Stiele und die Blätter kleinhacken.

2. Die Korianderwurzel, den Knoblauch und die Chilis im Mörser zerstampfen und in eine Salatschüssel geben. Die Fischsauce, den Zitronensaft und den Zucker dazugeben und gründlich verrühren.

3. Den Tintenfisch unter fließendem Wasser säubern und der Länge nach vierteln.

4. Die Tintenfischviertel kreuzweise fein einschneiden, dann in etwa 5 cm lange und 1 cm breite Streifen schneiden.

5. Die Tintenfischstücke in kochendem Wasser 1 Minute blanchieren. Sofort abgießen und abtropfen lassen.

6. Die noch warmen Tintenfischstückchen, die Zwiebeln und den gehackten Koriander zu der Sauce geben und alles gründlich mischen. Den Salat lauwarm servieren.

Drei-Freunde-Salat

Yam Saam Sahay

Zutaten für 4 Personen:
50 g Möhren
50 g Weißkohl
einige Blätter Kopf- oder Eissalat
200 g Schweineschnitzel
200 g Hühnerbrustfilet
200 g größere Garnelen (frisch oder tiefgefroren)
3 Eßl. Öl
3 Eßl. geröstete Curry-Paste (Naam Prik Pao)
3 Eßl. Fischsauce
3 Eßl. Zucker
3 Eßl. Zitronensaft
50 g gestampfte Cashewnußkerne

Exklusiv · Für Gäste

Pro Portion etwa:
1500 kJ/360 kcal
34 g Eiweiß · 18 g Fett
16 g Kohlenhydrate

- Zubereitungszeit: etwa 1 Stunde

1. Die Möhren schälen, den Weißkohl waschen und putzen. Beides in sehr feine Streifen schneiden. Den Kopf- oder Eissalat putzen, waschen, trockenschütteln und am Rand einer großen Platte anrichten. Die Möhren und den Weißkohl ebenso auf der Platte verteilen.

2. Das Schweinefleisch und die Hühnerbrust in etwa 3 cm lange und 1 cm breite Streifen schneiden und getrennt in je 1 Eßlöffel Öl bei mittlerer Hitze je etwa 2 Minuten braten.

3. Die Garnelen schälen und putzen, dann im übrigen Öl 1–2 Minuten braten. Etwas abkühlen lassen. Die »drei Freunde« nebeneinander in Streifen auf der freien Stelle der Salatplatte anrichten.

4. Die Curry-Paste, die Fischsauce und den Zucker mit etwas Wasser gut verrühren und einmal aufkochen lassen. Vom Herd nehmen und den Zitronensaft und die Cashewnüsse hinzugeben. Die Sauce eventuell noch süß-sauer abschmecken, etwas abgekühlt über das Fleisch und die Garnelen gießen.

Bild oben: Tintenfischsalat
Bild unten: Drei-Freunde-Salat

Rindfleischsalat mit Koriander

Yam Nüa

Zutaten für 4 Personen:
3 Knoblauchzehen
5 frische thailändische Chilischoten
3 Eßl. Fischsauce
3 Eßl. Zitronensaft
1 Eßl. Zucker
2 mittelgroße Zwiebeln
1 Bund Schnittlauch
1 Stengel frischer Koriander
500 g Rinderlende
2 Eßl. Öl

Etwas teurer

Pro Portion etwa:
1200 kJ/290 kcal
27 g Eiweiß · 18 g Fett
6 g Kohlenhydrate

- Zubereitungszeit: etwa 50 Minuten

1. Den Knoblauch schälen, die Chilis waschen und entstielen. Beides im Mörser zerstampfen und in eine Schüssel geben. Mit der Fischsauce, dem Zitronensaft und dem Zucker verrühren.

2. Die Zwiebeln schälen und in feine Ringe schneiden, diese noch einmal halbieren. Den Schnittlauch waschen und in etwa 3 cm lange Stücke schneiden. Den Koriander waschen, trockenschütteln und grob hacken.

3. Die Rinderlende von Haut und Sehnen befreien und in etwa 2 cm dicke Steaks schneiden. Das Öl in einer großen Pfanne sehr heiß werden lassen und die Steaks darin bei starker bis mittlerer Hitze pro Seite etwa 3 Minuten »medium« braten. Die Steaks abkühlen lassen und in dünne Streifen schneiden.

4. Die Rindfleischstreifen, die Zwiebeln, den Schnittlauch und den Koriander in die Schüssel mit der Marinade geben und alles gut durchmischen.

Glasnudelsalat mit Fleisch und Garnelen

Yam Wunsen

Zutaten für 4 Personen:
1 mittelgroße Zwiebel
1 Bund Schnittlauch
1 Stengel frischer Koriander
5 getrocknete Mu-Err-Pilze
5 frische thailändische Chilischoten
3 Eßl. Fischsauce
3 Eßl. Zitronensaft
1 Eßl. Zucker
100 g Glasnudeln
100 g gemischtes Hackfleisch
100 g größere Garnelen
(frisch oder tiefgefroren)

Gelingt leicht

Pro Portion etwa:
640 kJ/150 kcal
11 g Eiweiß · 6 g Fett
15 g Kohlenhydrate

- Zubereitungszeit: etwa 50 Minuten

1. Die Zwiebeln schälen und in dünne Ringe schneiden, diese noch einmal halbieren. Den Schnittlauch und den Koriander waschen und grob hacken.

2. Die Mu-Err-Pilze mit heißem Wasser übergießen und etwa 20 Minuten quellen lassen. Das Wasser abgießen und die Pilze kleinschneiden.

3. Die Chilis waschen, entstielen und in feine Ringe schneiden. Mit der Fischsauce, dem Zitronensaft und dem Zucker in eine Salatschüssel geben und so lange verrühren, bis sich der Zucker aufgelöst hat.

4. Die Glasnudeln mit warmem Wasser bedecken und etwa 10 Minuten einweichen, dann in kochendem Wasser 1/2 Minute blanchieren. Abschrecken und gut abtropfen lassen. Mit einer Küchenschere einige Male durchschneiden. Die Garnelen eventuell schälen und putzen.

5. Den Boden eines mittelgroßen Topfes mit Wasser bedecken und dieses aufkochen lassen. Das Hackfleisch und die Garnelen hinzugeben und etwa 1 Minute kochen lassen. Dann gut abtropfen lassen.

6. Alle Zutaten in die Salatschüssel geben und sorgfältig mischen. Eventuell noch mit Zitronensaft, Fischsauce und Zucker abschmecken.

Im Bild oben:
Rindfleischsalat mit Koriander
Im Bild unten:
Glasnudelsalat mit Fleisch und Garnelen

Reis mit Thunfisch

Khao Pad Plaah Thuna

Gebratener Reis ist in Thailand sehr beliebt und wird an jeder Straßenecke frisch und sehr phantasievoll zubereitet. Damit der Reis beim Braten nicht klebrig wird, ist es wichtig, daß er vollkommen ausgekühlt ist. Besonders schnell läßt sich gebratener Reis zubereiten, wenn Sie am Vortag einfach entsprechend mehr kochen.

Zutaten für 4 Personen:
3 Knoblauchzehen
1 Stengel frischer Koriander
1 Dose Thunfisch (naturell; etwa 150 g Abtropfgewicht)
3 Eßl. Öl
150 g Maiskörner, Erbsen und rote Paprikawürfel gemischt (frisch oder tiefgefroren)
750 g gekochter, abgekühlter Reis (250 g ungekochter Reis)
2 Eßl. Fischsauce
1 Eßl. helle Sojasauce

Schnell

Pro Portion etwa:
1800 kJ/430 kcal
16 g Eiweiß · 17 g Fett
52 g Kohlenhydrate

- Zubereitungszeit: etwa 30 Minuten

1. Den Knoblauch schälen und fein hacken. Den Koriander waschen, den Stiel und die Blätter grob hacken.

2. Den Thunfisch abtropfen lassen und zerpflücken.

3. Das Öl in einer großen Pfanne erhitzen und den Knoblauch darin goldgelb braten. Den Thunfisch und das Gemüse hinzufügen und etwa 2 Minuten bei mittlerer Hitze unter Rühren braten. Den Reis, die Fisch- und die Sojasauce dazugeben und weitere 2 Minuten braten lassen. Den Reis abschmecken, auf Teller verteilen und mit dem Koriander bestreuen. Dazu schmeckt Chilisauce mit Koriander (Rezept Seite 10).

Reis mit Ananas

Khao Pad Sapparot

Zutaten für 4 Personen:
2 mittelgroße Zwiebeln
2 Tomaten
1 Dose Ananasstücke (580 g)
3 Eßl. Rosinen · 3 Knoblauchzehen
3 Eßl. Öl · 2 Eier
750 g gekochter, abgekühlter Reis (250 g ungekochter Reis)
2 Eßl. Fischsauce
2 Eßl. Tomatenketchup
1 Teel. Zucker

Gelingt leicht

Pro Portion etwa:
2200 kJ/520 kcal
10 g Eiweiß · 12 g Fett
93 g Kohlenhydrate

- Zubereitungszeit: etwa 30 Minuten

1. Die Zwiebeln schälen, die Tomaten waschen und vom Stielansatz befreien. Beides in Würfel schneiden.

2. Die Ananasstücke abgießen, den Saft trinken oder für ein anderes Gericht verwenden. Die Rosinen mit warmem Wasser gründlich waschen und gut abtropfen lassen. Den Knoblauch schälen und fein hacken.

3. Das Öl in einer großen Pfanne erhitzen, den Knoblauch hinzufügen und darin goldgelb braten. Die Eier hinzugeben, in der Pfanne verrühren und bei mittlerer Hitze hellbraun braten.

4. Die Zwiebeln dazugeben und etwa 1 Minute mitbraten. Dann die Tomatenwürfel, die Ananasstücke, die Rosinen und den Reis hinzufügen und unter Rühren schön heiß werden lassen. Mit der Fischsauce, dem Ketchup und dem Zucker würzen. Dazu paßt Chilisauce mit Koriander (Rezept Seite 10).

Tip!

Statt der Dosenananas können Sie auch frische Ananas verwenden. Halbieren Sie die Frucht ungeschält der Länge nach und schaben Sie das Fruchtfleisch mit einem Löffel heraus. Dieses würfeln. Die beiden Ananashälften im 200° heißen Backofen erwärmen und den fertigen Reis in den Fruchthälften anrichten.

Im Bild oben: Reis mit Ananas
Im Bild unten: Reis mit Thunfisch

Reis mit Garnelen

Khao Pad Gung

Zutaten für 4 Personen:
500 g mittelgroße Garnelen
2 Eßl. helle Sojasauce
1/2 Teel. schwarzer Pfeffer, frisch gemahlen
2 mittelgroße Zwiebeln
2 Frühlingszwiebeln
3 Knoblauchzehen
1 Salatgurke
3 Eßl. Öl
750 g gekochter, abgekühlter Reis (250 g ungekochter Reis)
2 Eßl. Fischsauce
2 Eßl. Tomatenketchup
1 Teel. Zucker

Berühmtes Rezept

Pro Portion etwa:
1900 kJ/450 kcal
30 g Eiweiß · 11 g Fett
56 g Kohlenhydrate

- Zubereitungszeit: etwa 40 Minuten

Variante:
Anstelle der Garnelen können Sie auch 300 g in Streifen geschnittenes Schweineschnitzel aus der Oberschale oder 300 g Hühnerbrustfilet – ebenfalls in Streifen – verwenden.

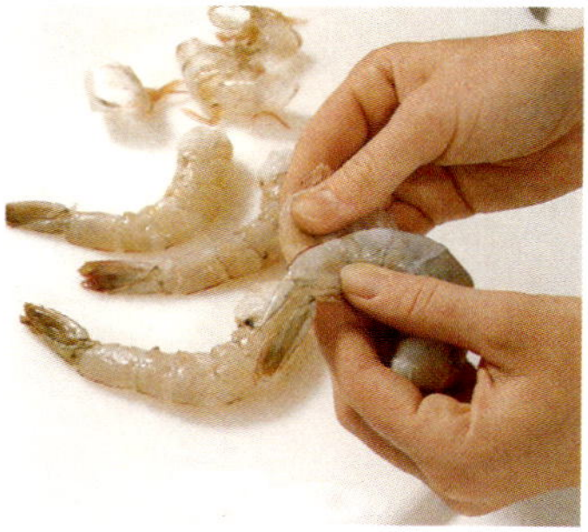

1. Den Kopf der Garnelen abtrennen. Die Garnelen schälen, dabei das Schwanzende daranlassen. Die Garnelen am Rücken der Länge nach leicht einschneiden und den schwarzen Darm entfernen. Die Garnelen waschen, abtrocknen, mit der Sojasauce und dem Pfeffer mischen und etwa 10 Minuten marinieren.

2. Die Zwiebeln schälen und in dünne Ringe schneiden, die Frühlingszwiebeln putzen, waschen, der Länge nach halbieren und in etwa 3 cm lange Stücke schneiden. Den Knoblauch schälen und fein hacken. Die Gurke schälen und in etwa 1/2 cm dicke Scheiben schneiden.

3. Das Öl in einer großen Pfanne erhitzen. Den Knoblauch darin goldgelb braten. Die Garnelen hinzugeben und etwa 1 Minute bei starker Hitze braten lassen, bis sie hellrot werden. Die Zwiebelringe hinzufügen und nochmals etwa 1 Minute braten.

4. Den Reis, die Frühlingszwiebeln, die Fischsauce, den Tomatenketchup und den Zucker hinzufügen und alles weiter braten, bis es sehr heiß ist. Einige Male umrühren, abschmecken und auf Teller verteilen. Mit Pfeffer bestreuen und mit den Gurkenscheiben garnieren. Dazu schmeckt Chilisauce mit Koriander (Rezept Seite 10).

Reisnudeln mit Broccoli

Pad Sii Iuh

Zutaten für 4 Personen:
200 g Reisnudeln (2–3 cm breit)
200 g Schweinefleisch aus der Nuß oder Oberschale
200 g Broccoli
4 Knoblauchzehen
3 Eßl. Öl
2 Eier
2 Eßl. Fischsauce
2 Eßl. helle Sojasauce
1 Eßl. Zucker
schwarzer Pfeffer, frisch gemahlen

Preiswert · Gelingt leicht

Pro Portion etwa:
1700 kJ/400 kcal
23 g Eiweiß · 16 g Fett
42 g Kohlenhydrate

- Zubereitungszeit: etwa 30 Minuten

1. Die Nudeln in kochendem Wasser etwa 3 Minuten garen. Abgießen, mit kaltem Wasser kurz abspülen und gründlich abtropfen lassen.

2. Das Schweinefleisch quer zur Faser in Streifen schneiden. Den Broccoli putzen, in Röschen teilen und waschen. Die Stiele schälen, von holzigen Stellen befreien und in feine Scheiben schneiden. Den Knoblauch schälen und fein hacken.

3. Das Öl in einer Pfanne bei mittlerer Hitze erwärmen. Den Knoblauch darin goldgelb braten. Die Schweinefleischstreifen hinzufügen und etwa 1 Minute braten. Dann das Fleisch in der Pfanne auf die Seite schieben. Die Eier in die Pfanne schlagen, verrühren und braten, bis sie hellbraun geworden sind. Mit dem Fleisch vermischen.

4. Den Broccoli hinzugeben, etwa 3 Minuten braten lassen. Die Nudeln, die Fisch- und die Sojasauce sowie den Zucker beigeben, alles gut durchmischen und so lange weiterbraten lassen, bis das Gericht heiß ist. In einer Schüssel anrichten und mit frisch gemahlenem Pfeffer bestreuen.

Tip!

Beim Essen werden Nudelgerichte ganz nach persönlichem Geschmack mit Essig, Zucker und Chilipulver abgeschmeckt.
Wenn Sie keine Nudeln von 2–3 cm Breite bekommen, können Sie notfalls (wie auf den Fotos zu sehen) auch einmal dünnere nehmen.

Eiernudeln mit Sojabohnen-sprossen

Bamie Pad

Zutaten für 4 Personen:
300 g chinesische Eiernudeln
200 g Sojabohnensprossen
2 Frühlingszwiebeln
3 Knoblauchzehen
50 g roher Schinken
3 Eßl. Öl
2 Eßl. Fischsauce
2 Eßl. Austernsauce
1 Eßl. Zucker

Schnell · Gelingt leicht

Pro Portion etwa:
1700 kJ/400 kcal
16 g Eiweiß · 15 g Fett
61 g Kohlenhydrate

- Zubereitungszeit: etwa 20 Minuten

1. Die Nudeln in kochendem Wasser etwa 4 Minuten (oder nach Packungsvorschrift) garen. Abgießen, mit kaltem Wasser kurz abspülen und gründlich abtropfen lassen.

2. Die Sojabohnensprossen waschen. Die Frühlingszwiebeln putzen, der Länge nach halbieren, waschen und in etwa 3 cm lange Stücke schneiden. Den Knoblauch schälen und fein hacken. Den Schinken in kleine Würfel schneiden.

3. Das Öl in einer Pfanne erhitzen. Den Knoblauch und den Schinken darin bei mittlerer Hitze etwa 1 Minute braten. Die abgetropften Nudeln hinzugeben, gut untermischen und 1 weitere Minute braten lassen.

4. Die Sojabohnensprossen, die Frühlingszwiebeln, die Fischsauce, die Austernsauce und den Zucker hinzufügen, alles sorgfältig vermischen und nur so lange garen, bis die Zutaten heiß sind. Die Sojabohnensprossen sollten noch knackig sein. Sofort servieren.

Reisnudeln mit Hackfleisch

Rad Nah Muh Saab

Zutaten für 4 Personen:
300 g Reisnudeln (2–3 cm breit)
2 mittelgroße Zwiebeln
2 Tomaten
2 Knoblauchzehen
1 Bund Schnittlauch
6 Eßl. Öl
2 Eßl. dunkle Sojasauce
400 g gemischtes Hackfleisch
3 Eßl. Fischsauce
2 Eßl. Wein- oder Reisessig
2 Eßl. Zucker · 1 Eßl. Speisestärke
schwarzer Pfeffer, frisch gemahlen

Preiswert

Pro Portion etwa:
3000 kJ/710 kcal
32 g Eiweiß · 37 g Fett
66 g Kohlenhydrate

- Zubereitungszeit: etwa 40 Minuten

1. Die Nudeln in kochendem Wasser etwa 3 Minuten garen. Abgießen, mit kaltem Wasser kurz abspülen und gründlich abtropfen lassen.

2. Die Zwiebeln schälen, die Tomaten waschen und von den Stielansätzen befreien. Beides in grobe Würfel schneiden. Den Knoblauch schälen und fein hacken. Den Schnittlauch waschen und in feine Stücke schneiden.

3. 3 Eßlöffel Öl in einer großen Pfanne erhitzen und die Reisnudeln mit der Sojasauce darin etwa 1 Minute unter Rühren bei starker Hitze braten. Auf 4 Teller verteilen und warm stellen.

4. Das restliche Öl in der Pfanne erhitzen. Den Knoblauch darin goldgelb braten. Das Hackfleisch und die Zwiebeln hinzugeben und etwa 2 Minuten bei mittlerer Hitze braten. Die Tomaten, die Fischsauce, den Essig, den Zucker und etwa 1/4 l Wasser hinzugeben. Nochmals 1 Minute kochen lassen.

5. Die Speisestärke mit wenig Wasser anrühren und unter die Sauce mischen, sie soll leicht dickflüssig werden. Die Sauce über die warmgestellten Nudeln gießen und mit Pfeffer und dem Schnittlauch bestreuen.

Tip!
Würzen Sie nach Belieben mit Chilipulver am Tisch.

Im Bild oben:
Eiernudeln mit Sojabohnensprossen
Im Bild unten:
Reisnudeln mit Hackfleisch

Hühnerfleisch mit Bambussprossen

Gäng Kiau Wan

Zutaten für 4 Personen:
400 g Hühnerbrustfilets
1 Dose Bambussprossen
(etwa 540 g)
1/2 rote Paprikaschote
etwa 20 Blätter thailändisches
Basilikum
1 Dose Kokosmilch (400 ml)
2 Eßl. grüne Curry-Paste
(Gäng Kiau Wan)
4 Eßl. Fischsauce
3 Eßl. Zucker

Gelingt leicht

Pro Portion etwa:
810 kJ/190 kcal
28 g Eiweiß · 2 g Fett
18 g Kohlenhydrate

- Zubereitungszeit: etwa 30 Minuten

1. Die Hühnerbrust waschen und in dünne Scheiben schneiden. Die Bambussprossen abtropfen lassen und in feine Streifen stifteln. Die Paprikaschote waschen, vom Stielansatz, den Kernen und den weißen Rippen befreien, halbieren und in feine Streifen schneiden. Das Basilikum waschen.

2. Von dem dicken Teil der Kokosmilch 5 Eßlöffel abnehmen und in einem Topf zum Kochen bringen. Die Curry-Paste einrühren und etwa 1 Minute bei schwacher Hitze kochen lassen. Die Hühnerbruststreifen, den Bambus, die Fischsauce, den Zucker, den Rest der Kokosmilch und etwas Wasser hinzugeben. Alles etwa 10 Minuten bei schwacher Hitze leicht kochen lassen.

3. Das Gericht in eine passende Schüssel geben und mit den Paprikastreifen und den Basilikumblättern garnieren.

Variante:
Anstelle der Hühnerbrustfilets können Sie auch 400 g Schweineschnitzel verwenden.

Rindfleisch mit Kartoffeln und Currysauce

Gäng Massaman

Zutaten für 4 Personen:
500 g Rinderschmorbraten
(zum Beispiel Hüfte oder Nuß)
4 mittelgroße Kartoffeln
2 mittelgroße Zwiebeln
1 Dose Kokosmilch (400 ml)
3 Eßl. Massaman-Curry-Paste
(Gäng Massaman)
4 Eßl. Palmzucker oder
brauner Zucker
4 Eßl. Fischsauce
2 Eßl. Zitronensaft
3 Eßl. geröstete Erdnüsse
1 Lorbeerblatt

Berühmtes Rezept

Pro Portion etwa:
1400 kJ/330 kcal
29 g Eiweiß · 12 g Fett
29 g Kohlenhydrate

- Zubereitungszeit: etwa 2 Stunden

1. Das Rindfleisch von Fett und Sehnen befreien und in gulaschgroße Würfel schneiden. Die Kartoffeln schälen und vierteln. Die Zwiebeln schälen und halbieren.

2. Von dem dicken Teil der Kokosmilch 5 Eßlöffel in einen großen Topf geben und aufkochen lassen. Die Curry-Paste einrühren und etwa 1 Minute kochen lassen. Das Rindfleisch, den Rest der Kokosmilch, den Palm- oder braunen Zucker, die Fischsauce, den Zitronensaft, die Erdnüsse, das Lorbeerblatt und 1/2 l Wasser hinzufügen.

3. Das Rindfleisch bei schwacher Hitze und mit leicht geöffnetem Deckel etwa 50 Minuten köcheln lassen. Die Kartoffeln und die Zwiebeln dazugeben und alles weitere 40 Minuten köcheln lassen.

4. Das Lorbeerblatt herausfischen und das Currygericht servieren.

Variante:
Sie können dieses Gericht auch mit 750 g Hähnchenteilen (Brust- oder Schenkelstücke mit Knochen) zubereiten. Die Garzeit verkürzt sich dann auf insgesamt etwa 40 Minuten.

Im Bild oben:
Rindfleisch mit Kartoffeln und Currysauce
Im Bild unten:
Hühnerfleisch mit Bambussprossen

Schweinefleisch mit Basilikum

Panäng Muh

Zutaten für 4 Personen:
500 g Schweinefleisch aus der Nuß
oder Oberschale
1/2 rote Paprikaschote
3 Zitronenblätter
20 Blätter thailändisches Basilikum
1 kleine Dose Kokosmilch (200 ml)
2 Eßl. Panäng Curry-Paste
(Gäng Panäng)
2 Eßl. Fischsauce
2 Eßl. Zucker

Berühmtes Rezept
Schnell

Pro Portion etwa:
1000 kJ/240 kcal
27 g Eiweiß · 11 g Fett
9 g Kohlenhydrate

- Zubereitungszeit: etwa 25 Minuten

1. Das Schweinefleisch quer zur Faser in dünne Scheiben schneiden. Die Paprikaschote waschen, vom Stielansatz, den Kernen und den weißen Rippen befreien und in sehr feine Streifen schneiden. Die Zitronenblätter abspülen und ebenfalls in äußerst feine Streifen schneiden. Die Basilikumblätter waschen.

2. Von dem dicken Teil der Kokosmilch 1 Eßlöffel abnehmen und beiseite stellen. Den Rest in einen Kochtopf geben und zum Kochen bringen. Die Curry-Paste einrühren und etwa 1 Minute leicht köcheln lassen.

3. Die Schweinefleischscheiben, die Fischsauce, den Zucker und die Zitronenblätterstreifen hinzugeben. Das Gericht bei schwacher Hitze etwa 5 Minuten schwach kochen lassen. In eine passende Schüssel füllen, mit den Basilikumblättern, den Paprikastreifen und der zurückbehaltenen Kokosmilch garnieren.

Variante:
Nehmen Sie zur Abwechslung auch einmal 500 g küchenfertige Garnelen. Die Garzeit bleibt gleich.

Schweinefleisch mit Ananas

Gäng Kua Sapparot

Zutaten für 4 Personen:
400 g Schweinefleisch aus der Nuß
oder Oberschale
4 Zitronenblätter
1 Dose Ananasstücke (580 g)
1 Dose Kokosmilch (400 ml)
3 Eßl. rote Curry-Paste
(Gäng Ped Däng)
2 Eßl. Palmzucker oder
brauner Zucker
3 Eßl. Fischsauce
3 Eßl. Zitronensaft

Gelingt leicht

Pro Portion etwa:
1400 kJ/330 kcal
23 g Eiweiß · 9 g Fett
41 g Kohlenhydrate

- Zubereitungszeit: etwa 30 Minuten

1. Das Schweinefleisch quer zur Faser in Streifen schneiden. Die Zitronenblätter waschen, trockenschütteln und vierteln. Die Ananasstücke abtropfen lassen, vom Saft etwa 1/8 l auffangen.

2. Von dem dicken Teil der Kokosmilch 5 Eßlöffel abnehmen und in einem Topf aufkochen. 1 Minute kochen lassen, dann die rote Curry-Paste einrühren und nochmals etwa 1 Minute bei schwacher Hitze leicht kochen lassen.

3. Die Schweinefleischstreifen hinzufügen, weitere 2 Minuten kochen lassen. Die Ananasstücke, den Palm- oder braunen Zucker, die Fischsauce, die Zitronenblätter, den Zitronensaft und den Rest der Kokosmilch beigeben. Den Ananassaft eingießen und das Gericht etwa 5 Minuten bei schwacher Hitze köcheln lassen. Das Schweinefleisch abschmecken und eventuell mit Zucker oder Zitronensaft nachwürzen.

Bild oben:
Schweinefleisch mit Basilikum
Bild unten:
Schweinefleisch mit Ananas

Schweinefleisch mit Knoblauch

Muh Tod Grathiam Prikthai

Zutaten für 4–6 Personen:
1 kg Schweinefleisch aus der Nuß oder Oberschale
10 Knoblauchzehen
1 Teel. schwarzer Pfeffer, frisch gemahlen
2 Eßl. Fischsauce
1 Eßl. dunkle Sojasauce
1 Salatgurke
5 Eßl. Öl

Gelingt leicht

Bei 6 Personen pro Portion etwa:
1500 kJ/360 kcal
36 g Eiweiß · 22 g Fett
4 g Kohlenhydrate

- Zubereitungszeit: etwa 1 1/2 Stunden (davon 1 Stunde Marinierzeit)

1. Das Schweinefleisch quer zur Faser in etwa 4 cm lange und 2 cm breite Streifen schneiden.

2. Den Knoblauch schälen und im Mörser mit dem Pfeffer stampfen, in einer Schüssel mit der Fisch- und der Sojasauce mischen. Das Fleisch unterrühren und zugedeckt etwa 1 Stunde marinieren.

3. Die Salatgurke schälen und in dünne Scheiben schneiden.

4. Das Öl in einer großen Pfanne sehr stark erhitzen. Das Fleisch vorsichtig hinzugeben und unter Rühren scharf anbraten, bis es rundum gebräunt ist.

5. Den Rand einer großen Platte mit den Gurkenscheiben auslegen, das Schweinefleisch in der Mitte anrichten. Dazu schmeckt Einfache Chilisauce, (Rezept Seite 10).

Tip!
Trinken Sie nach diesem Gericht ein Glas kalte Milch: dann riechen Sie am nächsten Tag nicht so stark nach Knoblauch.

Hühnerbrust mit Ingwer

Gai Pad Khing

Zutaten für 4 Personen:
5 getrocknete Mu-Err-Pilze
5 Eßl. Öl
100 g ungesalzene Cashewnußkerne
2 daumengroße Stücke Ingwer
3 Frühlingszwiebeln · 2 Tomaten
400 g Hühnerbrustfilets
3 Knoblauchzehen
2 Eßl. Öl
2 Eßl. Fischsauce
2 Eßl. Austernsauce
1 Eßl. Zucker

Berühmtes Rezept

Pro Portion etwa:
1800 kJ/430 kcal
29 g Eiweiß · 29 g Fett
14 g Kohlenhydrate

- Zubereitungszeit: etwa 40 Minuten

1. Die Mu-Err-Pilze mit heißem Wasser übergießen und etwa 20 Minuten quellen lassen.

2. Das Öl in einer Pfanne erhitzen. Die Nüsse darin unter ständigem Wenden goldgelb braten. Die Nüsse mit einem Schaumlöffel herausnehmen und auf Küchenpapier abfetten lassen.

3. Den Ingwer schälen und in feine Stifte schneiden. Die Mu-Err-Pilze ausdrücken. Die eventuell vorhandenen harten Stiele entfernen und die Pilze vierteln. Die Frühlingszwiebeln waschen, in etwa 3 cm lange Stücke schneiden. Die Tomaten waschen und vierteln.

4. Die Hühnerbrust in etwa 3 cm lange und 1 cm breite Streifen schneiden. Den Knoblauch schälen und fein hacken.

5. Das Öl in einer Pfanne erhitzen. Den Knoblauch darin unter Rühren goldgelb braten. Die Hühnerstreifen hinzufügen und bei starker Hitze etwa 2 Minuten braten.

6. Den Ingwer, die Mu-Err-Pilze, die Tomaten, die Frühlingszwiebeln und die Cashewnüsse hinzugeben und alles unter ständigem Wenden etwa 2 Minuten bei starker Hitze braten. Die Hitze verringern, die Fisch- und die Austernsauce sowie den Zucker dazugeben. Alles noch einmal gut durchmischen und abschmecken.

Im Bild oben: Schweinefleisch mit Knoblauch
Im Bild unten: Hühnerburst mit Ingwer

Hühnerbrust mit Chilis

Pad Kimau Gai

Zutaten für 4 Personen:
700 g Hühnerbrustfilets
1 Eßl. Fischsauce
5 frische thailändische Chilischoten
3 Knoblauchzehen
20 Blätter rotes thailändisches Basilikum (Bai Grapau)
3 Eßl. Öl
2 Eßl. helle Sojasauce
2 Eßl. Austernsauce
1 Eßl. Zucker

Schnell · Gelingt leicht

Pro Portion etwa:
1100 kJ/260 kcal
41 g Eiweiß · 9 g Fett
5 g Kohlenhydrate

- Zubereitungszeit: etwa 30 Minuten

Variante:
Sie können auch anstelle der Hühnerbrust gemischtes Hackfleisch verwenden.

1. Die Hühnerbrustfilets erst in feine Scheiben schneiden, dann fein hacken. Mit der Fischsauce mischen und etwa 10 Minuten marinieren.

2. In der Zwischenzeit die Chilis waschen und entstielen. Den Knoblauch schälen und mit den Chilis im Mörser stampfen. Die Basilikumblätter waschen und trockenschütteln.

3. Das Öl in der Pfanne erhitzen. Die Knoblauch-Chili-Paste hinzugeben. Die gehackte Hühnerbrust hinzufügen und etwa 1 Minute bei mittlerer Hitze braten. Die Soja- und die Austernsauce, den Zucker und etwas Wasser unterrühren. Das Fleisch etwa 2 Minuten garen.

4. Zum Schluß die Basilikumblätter dazugeben und das Gericht eventuell noch mit etwas Soja- oder Austernsauce abschmecken.

Leber mit Schnitt-knoblauch

Pad Dohk Guischai

Zutaten für 4 Personen:
400 g Schnittknoblauch
400 g Schweineleber
3 Knoblauchzehen
3 Eßl. Öl
2 Eßl. Fischsauce
2 Eßl. Austernsauce
1 Eßl. Zucker

Schnell

Pro Portion etwa:
1100 kJ/260 kcal
25 g Eiweiß · 14 g Fett
10 g Kohlenhydrate

- Zubereitungszeit: etwa 20 Minuten

Variante:
Nehmen Sie zur Abwechslung auch einmal 400 g Garnelen anstelle der Leber. Die Garzeit bleibt unverändert.

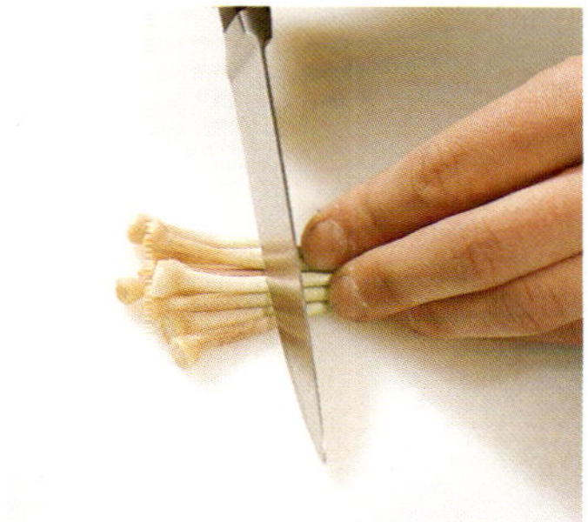

1. Von dem Schnittknoblauch das untere holzige Ende ab-schneiden. Den Rest in etwa 4 cm lange Stücke schneiden, gründlich waschen und in einem Sieb abtropfen lassen.

2. Die Leber enthäuten und eventuell vorhandene Sehnen herausschneiden. Die Leber in etwa 3 cm lange und 1/2 cm breite Streifen schneiden.

3. Den Knoblauch schälen und fein hacken. Das Öl in einer großen Pfanne erhitzen. Den Knoblauch darin goldgelb bra-ten. Die Leber hinzufügen und bei starker Hitze etwa 3 Minu-ten sautieren.

4. Den Schnittknoblauch, die Fisch- und die Austernsauce, den Zucker und etwas Wasser hinzufügen. Die Leber noch etwa 1 Minute garen, dann eventuell noch mit etwas Fisch- oder Austernsauce abschmek-ken.

Gebackene Hähnchenteile

Gai Yang

Zutaten für 4 Personen:
6 Knoblauchzehen
1 Teel. schwarzer Pfeffer, frisch gemahlen
8 Hähnchenschenkel
3 Eßl. dunkle Sojasauce
1 Eßl. Fischsauce
etwas Öl

Gelingt leicht

Pro Portion etwa:
1300 kJ/310 kcal
47 g Eiweiß · 12 g Fett
2 g Kohlenhydrate

- Zubereitungszeit: etwa 1 1/2 Stunden (davon 1 Stunde Marinierzeit)

1. Den Knoblauch schälen, grob zerkleinern und mit dem Pfeffer im Mörser zerstampfen.

2. Die Hähnchenschenkel mit der Knoblauchpaste bestreichen und mit der Soja- sowie der Fischsauce beträufeln. Abgedeckt etwa 1 Stunde marinieren.

3. Den Backofen auf 190° vorheizen. Ein Backblech mit Alufolie auslegen und mit Öl bestreichen. Die Hähnchenschenkel darauf legen und in den Backofen (Mitte) schieben. Etwa 30 Minuten backen, dabei die Schenkel gelegentlich wenden. Dazu schmeckt Einfache Chilisauce (Rezept Seite 10).

Tip!

Sie können die Hähnchenschenkel auch durch Hähnchenflügel oder -brust ersetzen. Wenn Sie die Möglichkeit haben, grillen Sie die Hähnchenteile im Freien auf dem Holzkohlengrill.

Schweinefleisch mit Gurken

Pad Tängkwah Sei Khai

Zutaten für 4 Personen:
2 mittelgroße Salatgurken
2 Frühlingszwiebeln
400 g Schweinefleisch von der Nuß oder vom Frikandeau
3 Knoblauchzehen
3 Eßl. Öl
3 Eßl. Fischsauce
3 Eßl. Austernsauce
1 Eßl. Zucker
2 Eier

Gut Vorzubereiten
Schnell

Pro Portion etwa:
1300 kJ/310 kcal
27 g Eiweiß · 19 g Fett
9 g Kohlenhydrate

- Zubereitungszeit: etwa 20 Minuten

1. Die Gurken schälen und in etwa 1/2 cm große Würfel schneiden. Die Frühlingszwiebeln putzen, waschen, der Länge nach halbieren und in etwa 3 cm lange Stücke schneiden.

2. Das Schweinefleisch quer zur Faser in etwa 3 cm lange und 1/2 cm breite Streifen schneiden. Den Knoblauch schälen und fein hacken.

3. Das Öl in einer Pfanne erhitzen. Den Knoblauch darin goldgelb braten. Das Schweinefleisch hinzugeben und bei starker Hitze etwa 2 Minuten braten. Die Gurken, die Frühlingszwiebeln, die Fisch- und die Austernsauce sowie den Zucker und eventuell – wenn die Gurken nicht genügend Wasser ziehen – etwas Wasser untermischen. Das Gericht noch etwa 1 Minute braten.

4. Die Eier aufschlagen und in die Pfanne geben. Alles gut verrühren und so lange weitergaren, bis die Eier gestockt sind. Eventuell noch mit etwas Fisch- oder Austernsauce abschmecken und servieren.

Im Bild oben:
Gebackene Hähnchenteile
Im Bild unten:
Schweinefleisch mit Gurken

Hühnerbrust süß-sauer

Gai Pad Priau Wan

Zutaten für 4 Personen:
300 g Hühnerbrustfilet
2 Eßl. helle Sojasauce
Pfeffer, frisch gemahlen
2 mittelgroße Tomaten
2 mittelgroße Zwiebeln
1/2 Salatgurke
1 rote Paprikaschote
1 kleine Dose Ananasstücke (etwa 300 g)
3 Knoblauchzehen
1/2 l geschmacksneutrales Pflanzenöl
100 g Tempuramehl
1 Eßl. Speisestärke
3 Eßl. Öl
5 Eßl. Tomatenketchup
3 Eßl. Fischsauce
3 Eßl. Wein- oder Reisessig
4 Eßl. Zucker

Berühmtes Rezept

Pro Portion etwa:
2600 kJ/620 kcal
21 g Eiweiß · 34 g Fett
60 g Kohlenhydrate

- Zubereitungszeit: etwa 1 Stunde

1. Die Hühnerbrust waschen, trocken tupfen und in etwa 2 cm große Würfel schneiden. Mit der Sojasauce und Pfeffer mischen und etwa 30 Minuten marinieren.

2. Inzwischen die Tomaten waschen, vom Stielansatz befreien und vierteln. Die Zwiebel und die Gurke schälen und in grobe Würfel schneiden. Die Paprikaschote waschen, entstielen, von den weißen Rippen und den Kernen befreien. Dann ebenfalls in grobe Würfel schneiden. Die Ananasstücke abtropfen lassen, den Saft dabei auffangen. Vom Saft 1/8 l abmessen. Den Knoblauch schälen und fein hacken.

3. Das Öl (1/2 l) in einem Topf erhitzen. Das Tempuramehl mit knapp 1/4 l Wasser klumpenfrei zu einem zähflüssigen Teig anrühren. Falls der Teig zu dick ist, noch etwas Wasser untermischen. Die marinierten Hühnerbruststückchen in diesem Teig wenden, portionsweise ins heiße Öl geben und goldbraun ausbacken. Mit einem Schaumlöffel herausnehmen und auf eine mit saugfähigem Papier ausgelegte Platte legen. Die gebackenen Stückchen jeweils im Backofen warmhalten.

4. Die Speisestärke in einer Tasse mit etwas Wasser glattrühren. 3 Eßlöffel Öl in einer großen Pfanne erhitzen. Den Knoblauch darin goldgelb braten. Die Zwiebeln, die Gurken, die Paprika- und die Ananasstücke dazugeben und etwa 3 Minuten bei sehr starker Hitze braten.

5. Den Tomatenketchup und die Fischsauce hinzugeben und die Hitze reduzieren. Die Tomatenviertel und den Ananassaft beigeben und alles einmal aufkochen lassen.

6. Mit dem Essig und dem Zucker süß-sauer abschmecken. Die Speisestärke noch einmal aufrühren und vorsichtig untermengen. Das Gericht muß jetzt noch einmal kurz aufkochen, bis die Sauce dickflüssig wird.

7. Den Pfanneninhalt in eine Schüssel geben und die warmgestellten Hühnerbruststückchen obenauf verteilen. Sofort servieren!

Variante:
Anstelle der Hühnerbrust können Sie auch Putenschnitzel verwenden.

Tip!

Lassen Sie das fertige Gericht nicht lange stehen, sonst quillt die knusprige Hülle der Hühnerbruststückchen auf und schmeckt nicht mehr so gut.

Zartes Geflügelfleisch, in knuspriger Teighülle gebacken und in fruchtiger Sauce serviert, ist ein ideales Essen für Gäste, denn süß-saures Hähnchen ißt jeder gern!

Rindfleisch mit Austernsauce

Nüa Pad Naam Manhoy

Zutaten für 4 Personen:
500 g Rindlende
2 Eßl. dunkle Sojasauce
1/2 Teel. Pfeffer, frisch gemahlen
1 Eßl. Mehl
5 getrocknete Tongku-Pilze (Shiitake)
300 g Austernpilze
2 Frühlingszwiebeln
1 frische trote Pfefferschote
1 daumengroßes Stück Ingwer
4 Knoblauchzehen
3 Eßl. Öl · 5 Eßl. Austernsauce
1 Eßl. Fischsauce · 1 Teel. Zucker
4 Eßl. Reiswein oder Wasser

Für Gäste

Pro Portion etwa:
1500 kJ/360 kcal
29 g Eiweiß · 21 g Fett
7 g Kohlenhydrate

- Zubereitungszeit: etwa 1 1/2 Stunden (davon 1 Stunde Marinierzeit)

1. Das Fleisch würfeln, mit der Sojasauce, dem Pfeffer und dem Mehl mischen und etwa 1 Stunde marinieren.

2. Die Tongku-Pilze waschen, in warmem Wasser etwa 20 Minuten einweichen. Dann vorsichtig ausdrücken und vierteln.

3. Die Pilze putzen, waschen und in grobe Stücke schneiden. Die Frühlingszwiebeln putzen, längs halbieren und in etwa 3 cm lange Stücke schneiden. Die Pfefferschote waschen, läng halbieren, entkernen und in Streifen schneiden. Den Ingwer und den Knoblauch schälen und fein hacken.

4. Das Öl in einer Pfanne stark erhitzen. Den Knoblauch, den Ingwer und das Fleisch darin unter Rühren etwa 5 Minuten scharf anbraten. Die Hitze reduzieren, die Tongku- und die Austernpilze, die Frühlingszwiebeln, die Austern- und die Fischsauce und den Zucker dazugeben und weitere 3 Minuten garen.

5. Den Reiswein untermengen und das Fleisch in einer Schale anrichten. Mit den Pfefferschotenstreifen garnieren.

Kalte weiße Nudeln

Kanom Djien Sao Naam

Wenn es in Thailand vor der Regenzeit sehr heiß ist, essen wir gerne dieses kalte Nudelgericht.

Zutaten für 4 Personen:
350 g Somen
(weiße, japanische Nudeln)
4 daumengroße Stücke Ingwer
10 Knoblauchzehen
1 Dose Ananastücke (580 g)
80 getrocknete Shrimps
4 frische thailändische Chilischoten
4 Eßl. Zitronensaft
4 Eßl. Fischsauce
4 Eßl. Zucker
1 Dose Kokosmilch (400 ml)
1 Teel. Speisestärke

Raffiniert

Pro Portion etwa:
2300 kJ/550 kcal
21 g Eiweiß · 4 g Fett
110 g Kohlenhydrate

- Zubereitungszeit: etwa 30 Minuten

1. Die Nudeln in kochendem Wasser etwa 4 Minuten garen, dann kalt abschrecken. Eine kleine Portion Nudeln in der Hand zu einem Nest formen und ausdrücken. Diese Nestchen auf ein Sieb legen.

2. Den Ingwer schälen und in sehr feine, etwa 2 cm lange Streifen schneiden. Den Knoblauch schälen und fein hacken. Die Ananasstücke abtropfen lassen und fein hacken.

3. Die getrockneten Shrimps im Mixer sehr fein zerteilen und in eine kleine Schüssel geben. Die Chilis waschen, putzen und in feine Ringe schneiden. In einer Schale mit dem Zitronensaft, der Fischsauce und dem Zucker gründlich verrühren.

4. Die Kokosmilch mit der Speisestärke in einem Topf anrühren und unter Rühren einmal aufkochen. Dann abkühlen lassen.

5. Am Tisch nimmt jeder nach seinem Geschmack zu den kalten Nudeln Ananas, Knoblauch, Ingwer, Shrimps, Kokoscreme und Chilisauce.

Im Bild oben: Rindfleisch mit Austernsauce
Im Bild unten: Kalte weiße Nudeln

Bambussprossen mit Eiern

Pad Nohmay Sei Khai

Zutaten für 4 Personen:
1 Dose Bambussprossen (540 g)
3 Frühlingszwiebeln
3 Knoblauchzehen · 3 Eßl. Öl
2 Eßl. Fischsauce
2 Eßl. Austernsauce
1 Eßl. Zucker
2 Eier

Schnell

Pro Portion etwa:
760 kJ/180 kcal
8 g Eiweiß · 11 g Fett
13 g Kohlenhydrate

- Zubereitungszeit: etwa 20 Minuten

1. Die Bambussprossen abspülen und in feine Stifte schneiden. Die Frühlingszwiebeln putzen, der Länge nach halbieren, waschen und in etwa 3 cm lange Stücke schneiden. Den Knoblauch schälen und fein hacken.

2. Das Öl in einer Pfanne erhitzen und den Knoblauch darin goldgelb braten. Die Bambusstifte, die Frühlingszwiebeln, die Fisch- und die Austernsauce sowie den Zucker dazugeben und bei mittlerer Hitze etwa 3 Minuten braten.

3. Das Gemüse in der Pfanne zur Seite schieben, die Eier hineinschlagen und verrühren, bis sie stocken. Sie sollen dabei möglichst noch nicht mit dem Gemüse in Berührung kommen.

4. Die Eier mit dem Gemüse in der Pfanne vermengen und eventuell noch mit etwas Fisch- oder Austernsauce abschmekken. Dazu schmeckt Chilisauce mit Koriander (Rezept Seite 10).

Gebratenes gemischtes Gemüse

Pad Paak Ruamit

Zutaten für 4 Personen:
200 g Broccoli
150 g grüne Brechbohnen
200 g Mini-Maiskölbchen
200 g Chinakohl
300 g kleine Frühmöhrchen
3 Frühlingszwiebeln
5 Knoblauchzehen
5 Eßl. Öl
3 Eßl. Fischsauce
3 Eßl. Austernsauce
1 Eßl. Zucker
4 Eßl. Reiswein

Gelingt leicht

Pro Portion etwa:
1100 kJ/260 kcal
8 g Eiweiß · 14 g Fett
25 g Kohlenhydrate

- Zubereitungszeit: etwa 40 Minuten

1. Vom Broccoli die Röschen abschneiden, die Stiele schälen und in dünne Streifen oder feine Stifte schneiden. Die Bohnen von den Enden befreien und der Länge nach vierteln. Den oberen Teil der Maiskölbchen abschneiden. Die Kölbchen quer halbieren. Den Chinakohl putzen und in mundgerechte Stücke schneiden. Die Möhrchen putzen und der Länge nach vierteln. Diese Viertel nochmals quer halbieren. Die Frühlingszwiebeln putzen, der Länge nach halbieren und in etwa 3 cm lange Stücke schneiden. Alle Gemüse gründlich waschen und gut abtropfen lassen. Die Frühlingszwiebeln und den Chinakohl getrennt abtropfen lassen.

2. Den Knoblauch schälen und fein hacken. Das Öl in einer großen Pfanne stark erhitzen. Den Knoblauch darin kurz anbraten. Den Broccoli, die Möhrchen, die Bohnen und die Maiskölbchen dazugeben und unter Rühren etwa 3 Minuten scharf anbraten. Die Frühlingszwiebeln, den Chinakohl, die Fisch- und die Austernsauce sowie den Zucker untermischen.

3. Mit dem Reiswein ablöschen (ersatzweise Wasser nehmen) und nochmals etwa 2 Minuten unter ständigem Wenden weiterbraten bis das Gemüse gegart, aber knackig ist.

Variante:
Verwenden Sie die Gemüsesorten, die Sie gerade auf dem Markt finden. Besonders gut eignen sich für dieses Gericht auch grüner Spargel, Spinat, Pilze, Staudensellerie, Zuckerschoten und Blumenkohl.

Im Bild oben:
Gebratenes gemischtes Gemüse
Im Bild unten:
Bambussprossen mit Eiern

Muscheln mit Zitronengras

Hoy Mäng Puuh Ob

Zutaten für 4 Personen:
2 kg Miesmuscheln
2 Stengel Zitronengras
1 daumengroßes Stück Galgant (Khaa)
5 Zitronenblätter
3 Schalotten
1/2 Teel. Salz

Schnell

Pro Portion etwa:
550 kJ/130 kcal
18 g Eiweiß · 2 g Fett
8 g Kohlenhydrate

- Zubereitungszeit: etwa 20 Minuten

1. Die Muscheln waschen und entbarten. Geöffnete Muscheln wegwerfen.

2. Das Zitronengras und den Galgant waschen. Die Zitronengrasstengel quer halbieren. Das Zitronengras und den Galgant mit einem kräftigen Messer zerquetschen. Die Zitronenblätter waschen und vierteln. Die Schalotten schälen und halbieren.

3. Das Zitronengras und die -blätter, den Galgant, die Schalotten, 1/2 l Wasser, das Salz und die Muscheln in einen großen Topf geben und erhitzen. Die Muscheln bei starker Hitze zugedeckt etwa 5 Minuten kochen lassen, bis sich die Schalen öffnen. Noch geschlossene Muscheln wegwerfen.

4. Die Zitronenblätter, die Zitronengrasstengel und den Galgant herausfischen. Die Muscheln mit Chilisauce mit Koriander (Rezept Seite 10) servieren.

Gefüllte Tintenfische

Plaah Mük Yad Sai

Zutaten für 4 Personen:
20 mittelgroße, küchenfertige Tintenfischkörper
1 daumengroßes Stück Ingwer
2 Frühlingszwiebeln
7 getrocknete Tongku-Pilze (Shiitake)
1 Stengel frischer Koriander mit Wurzel
5 Knoblauchzehen
1/2 Teel. schwarzer Pfeffer
350 g gemischtes Hackfleisch
2 Eßl. dunkle Sojasauce
1 Ei · 4 Eßl. Öl
3 Eßl. Austernsauce
2 Eßl. Fischsauce
1 Eßl. Zucker

Für Gäste · Raffiniert

Pro Portion etwa:
1900 kJ/450 kcal
37 g Eiweiß · 30 g Fett
7 g Kohlenhydrate

- Zubereitungszeit: etwa 40 Minuten

1. Die Tintenfischkörper waschen und abtropfen lassen.

2. Den Ingwer schälen und fein hacken. Die Frühlingszwiebeln putzen, der Länge nach halbieren, waschen und in etwa 3 cm lange Stücke schneiden.

3. Die Tongku-Pilze waschen, in einer kleinen Schüssel mit gut 1/8 l warmem Wasser bedecken und etwa 20 Minuten einweichen. Anschließend die Pilze ausdrücken und vierteln. Das Einweichwasser aufbewahren.

4. Den Koriander waschen, die Blätter abzupfen und beiseite legen. Die Wurzel abschneiden und mit 2 geschälten Knoblauchzehen und dem Pfeffer im Mörser zerstampfen. Das Hackfleisch mit der Knoblauchpaste, der Sojasauce und dem Ei vermischen und abschmecken.

5. Das Hackfleisch in die Tintenfischkörper füllen. Den übrigen Knoblauch schälen und fein hacken.

6. Das Öl in einer Pfanne erhitzen. Den Knoblauch und den Ingwer darin leicht anbraten. Die gefüllten Tintenfischbeutel in die Pfanne legen und von allen Seiten bei mittlerer Hitze braun braten. Die Tongku-Pilze, die Austern- und die Fischsauce den Zucker und das Einweichwasser der Pilze hinzugeben.

7. Die Tintenfische zugedeckt bei schwacher Hitze etwa 5 Minuten schmoren. Die Frühlingszwiebeln hinzufügen, kurz aufkochen lassen und auf einer Platte anrichten. Mit den Korianderblättern garnieren.

Bild oben: Muscheln mit Zitronengras
Bild unten: Gefüllte Tintenfische

Riesengarnelen mit Knoblauch

Kung Krathiam Prig Thai

Zutaten für 4 Personen:
12 Riesengarnelen
10 Knoblauchzehen
1 Teel. Salz
1 Teel. Pfeffer, frisch gemahlen
2 Eßl. Zitronensaft
3 mittelgroße Tomaten
1 Salatgurke
1 Bund Schnittlauch
50 g Butter

Etwas teurer

Pro Portion etwa:
1100 kJ/260 kcal
30 g Eiweiß · 13 g Fett
7 g Kohlenhydrate

- Zubereitungszeit: etwa 30 Minuten

1. Den Kopf von den Garnelen abtrennen und wegwerfen. Die Garnelen so abschälen, daß das Schwanzende daranbleibt. Die Garnelen am Rücken der Länge nach leicht einschneiden und den schwarzen Darm entfernen. Die Garnelen unter fließendem Wasser abspülen und abtropfen lassen. Den Knoblauch schälen und fein hacken.

2. Die Garnelen mit dem Knoblauch, dem Salz und dem Pfeffer sowie dem Zitronensaft mischen.

3. Die Tomaten waschen, die Gurke schälen. Beides in etwa 1/2 cm dicke Scheiben schneiden. Den Schnittlauch waschen und in kleine Stücke schneiden. Eine große Platte am Rand mit den Tomaten- und den Gurkenscheiben auslegen.

4. Die Butter in einer passenden Pfanne bei schwacher bis mittlerer Hitze erhitzen. Die Garnelen hinzufügen. Das Mariniergefäß mit etwa 1/8 l Wasser ausschwenken und die Flüssigkeit zu den Garnelen geben. Die Garnelen zugedeckt bei mittlerer Hitze etwa 5 Minuten garen.

5. Die Garnelen auf die vorbereitete Platte geben und den Schnittlauch darüber verteilen.

Gemischte Meeresfrüchte

Pad Taalee

Lassen Sie sich im Fischgeschäft eine Mischung von frischen Meeresfrüchten zusammenstellen. Achten Sie darauf, daß sie küchenfertig sind.

Zutaten für 4 Personen:
800 g gemischte küchenfertige
Meeresfrüchte (Garnelen, Tintenfisch,
Filets von Meeresfischen)
3 Knoblauchzehen
1 grüne Paprikaschote
1 rote Paprikaschote
20 Blätter thailändisches Basilikum
4 Eßl. Öl
2 Eßl. geröstete Curry-Paste
(Naam Prik Pao)
2 Eßl. Fischsauce
2 Eßl. Zucker

Exklusiv

Pro Portion etwa:
1200 kJ/290 kcal
36 g Eiweiß · 12 g Fett
10 g Kohlenhydrate

- Zubereitungszeit: etwa 30 Minuten

1. Die Meeresfrüchte unter fließendem Wasser waschen und in mundgerechte Stücke schneiden. Die Tintenfischstückchen kreuzweise fein einschneiden, so daß ein schönes Muster entsteht.

2. Den Knoblauch schälen und fein hacken. Die Paprikaschoten waschen, der Länge nach halbieren, die Stiele, die Kerne und die weißen Rippen entfernen. Die Schoten in feine Streifen schneiden. Die Basilikumblätter waschen.

3. Das Öl in einer Pfanne bei mittlerer Hitze nicht zu stark erhitzen. Den Knoblauch darin goldgelb braten. Die Curry-Paste einrühren. Die Paprikastreifen hinzugeben.

4. Die Meeresfrüchte, die Fischsauce und den Zucker hinzugeben und alles bei mittlerer Hitze etwa 4 Minuten zugedeckt schmoren lassen. Die Basilikumblätter beigeben und unterrühren. Das Gericht eventuell noch mit etwas Fischsauce abschmecken.

Im Bild oben:
Gemischte Meeresfrüchte
Im Bild unten:
Riesengarnelen mit Knoblauch

Fischauflauf

Hoo Mog Plaah

In meiner Heimat verwende ich für dieses Gericht Auflaufformen aus selbst zurechtgeschnittenen Bananenblättern. Da es diese hier selten zu kaufen gibt, beschreibe ich die Zubereitung dieses berühmten Gerichtes mit üblichen Auflaufformen.

Zutaten für 4 Personen:
200 g Weißkohl
5 Zitronenblätter
1/2 rote Paprikaschote
500 g Rotbarschfilet (ersatzweise Kabeljau oder Seelachs)
4 Knoblauchzehen
1 knapper Teel. Pfeffer, frisch gemahlen
4 Eßl. rote Curry-Paste (Gäng Ped Däng)
1 Dose Kokosmilch (400 ml)
1 Ei
4 Eßl. Fischsauce
1/2 Teel. Speisestärke

Raffiniert

Pro Portion etwa:
820 kJ/200 kcal
27 g Eiweiß · 7 g Fett
7 g Kohlenhydrate

- Zubereitungszeit: etwa 1 Stunde

1. Den Weißkohl putzen, vom Strunk befreien und in feine Streifen schneiden. Die Streifen in kochendem Wasser etwa 1 Minute blanchieren, dann auf einem Sieb gründlich abtropfen lassen.

2. Die Zitronenblätter waschen und in haarfeine Streifen schneiden. Die Paprikahälfte waschen, vom Stiel, den Kernen und den weißen Trennwänden befreien und ebenfalls in feine Streifen schneiden.

3. Von dem Fischfilet etwa 100 g zurückbehalten, den Rest mit schräg gehaltenem Messer in großflächige Streifen schneiden.

4. Den Knoblauch schälen und im Mixer mit den 100 g Fisch und dem Pfeffer zu einer cremeartigen Masse zerkleinern. Die Curry-Paste unterrühren. Vom dicken Teil der Kokosmilch etwa 4 Eßlöffel abnehmen und beiseite stellen. Den Rest mit der Fischcreme mit dem Handrührgerät bei niedriger Schaltstufe etwa 3 Minuten verquirlen.

5. Den Backofen auf 180° vorheizen. Das Ei, die Fischsauce und die fein geschnittenen Zitronenblätter in die Schüssel geben und nochmals etwa 1 Minute verquirlen. Die Fischfiletstreifen unterrühren.

6. Den Boden einer mittelgroßen Auflaufform mit dem gut abgetropften Weißkohl auslegen. Die Fischmasse darauf verteilen, mit dem Deckel (ersatzweise Alufolie) bedecken und im heißen Backofen (Mitte) etwa 30 Minuten garen.

7. In der Zwischenzeit die 4 Eßlöffel Kokosmilch mit der Speisestärke klumpenfrei verrühren und in einem kleinen Topf einmal unter Rühren aufkochen.

8. Den fertigen Auflauf herausnehmen, mit der gedickten Kokosmilch und den Paprikastreifen garnieren und servieren.

Tip!

Das Fischfilet läßt sich in besonders feine Streifen schneiden, wenn Sie es – in Folie gewickelt – etwa 30 Minuten ins Gefrierfach legen. Die Weißkohlblätter müssen wirklich gründlich abtropfen, sonst wird der Auflauf wäßrig. Der Fischauflauf schmeckt übrigens auch kalt sehr gut.

Meerbrassen mit Basilikum

Plaah Raad Prik

Zutaten für 4 Personen:
2 küchenfertige Meerbrassen
(je etwa 500 g)
1 Teel. Salz
3 frische thailändische Chilischoten
je 1 grüne und rote Paprikaschote
4 Knoblauchzehen
30 Blätter thailändisches Basilikum
1 l geschmacksneutrales Pflanzenöl
3 Eßl. Öl · 3 Eßl. Fischsauce
3 Eßl. Wein- oder Reisessig
3 Eßl. Palmzucker oder
brauner Zucker

Etwas teurer

Pro Portion etwa:
2700 kJ/640 kcal
25 g Eiweiß · 54 g Fett
13 g Kohlenhydrate

- Zubereitungszeit: etwa 45 Minuten

1. Die Brassen auf beiden Seiten rautenförmig nicht zu tief einschneiden. Innen und außen mit Salz einreiben.

2. Die Chili- und die Paprikaschoten waschen und putzen. Die Paprikaschoten in Streifen schneiden.

3. Den Knoblauch schälen und mit den Chilis im Mörser zerstampfen. Das Basilikum waschen.

4. Das Öl erhitzen. Die Brassen darin bei mittlerer Hitze schwimmend in je etwa 20 Minuten goldbraun braten.

5. Etwa 5 Minuten vor Garzeitende der Fische 3 Eßlöffel Öl in einer Pfanne erhitzen. Die Knoblauch-Chili-Paste darin anbraten. Die Fischsauce, den Essig, den Zucker, etwas Wasser und die Paprikastreifen hinzufügen. Das Basilikum einrühren und die Sauce abschmecken.

6. Die Brassen vorsichtig abtropfen lassen und auf einer Platte anrichten. Die Sauce über den Fisch gießen.

Garnelen mit Glasnudeln

Gung Pad Wunsen

Obwohl dieses Gericht mit Glasnudeln zubereitet wird, essen wir Thailänder Reis dazu.

Zutaten für 4 Personen:
700 g rohe Garnelen
2 Eßl. helle Sojasauce
1/2 Teel. Pfeffer, frisch gemahlen
100 g Glasnudeln
100 g Weißkohl
2 Frühlingszwiebeln
1 große Tomate
3 Knoblauchzehen
3 Eßl. Öl · 2 Eßl. Fischsauce
2 Eßl. Austernsauce · 1 Eßl. Zucker

Berühmtes Rezept

Pro Portion etwa:
1300 kJ/310 kcal
35 g Eiweiß · 10 g Fett
19 g Kohlenhydrate

- Zubereitungszeit: etwa 40 Minuten

1. Die Köpfe von den Garnelen abtrennen. Die Garnelen so schälen, daß das Schwanzende daranbleibt. Die Garnelen am Rücken der Länge nach leicht einschneiden und putzen. Mit der Sojasauce und dem Pfeffer würzen.

2. Die Glasnudeln in heißem Wasser 10 Minuten einweichen, abtropfen lassen und mit einer Schere kleiner schneiden.

3. Den Weißkohl putzen und in etwa 2 cm große Quadrate schneiden. Die Frühlingszwiebeln putzen, der Länge nach halbieren und in etwa 3 cm lange Stücke schneiden. Die Tomate waschen und achteln.

4. Den Knoblauch schälen und fein hacken. Das Öl in einer Pfanne erhitzen und den Knoblauch darin goldgelb braten. Die Garnelen dazugeben und bei starker Hitze etwa 1 Minute braten, bis sie sich hellrot färben. Die Weißkohlwürfel hinzugeben und 1 weitere Minute braten.

5. Die Tomaten, die Frühlingszwiebeln, die Glasnudeln, die Fisch- und die Austernsauce, den Zucker und etwas Wasser hinzufügen und alle Zutaten gut vermischen. Etwa 1 Minute weiterbraten, dann servieren.

Im Bild oben:
Garnelen mit Glasnudeln
Im Bild unten:
Meerbrassen mit Basilikum

Eingelegte Orangen

Som Loy Gäo

Zutaten für 4 Personen:
4 große Orangen
100 g brauner Zucker
1/8 l Orangenlikör

Gelingt leicht

Pro Portion etwa:
870 kJ/210 kcal
1 g Eiweiß · 0 g Fett
46 g Kohlenhydrate

- Zubereitungszeit: etwa 30 Minuten
- Ruhezeit: etwa 12 Stunden

1. Die Orangen mit einem Messer so schälen, daß auch die weiße Haut entfernt wird. Das Fruchtfleisch in etwa 1 cm dicke Scheiben schneiden. Eventuell vorhandene Kerne entfernen.

2. Den Zucker mit etwa 1/2 l Wasser bei mittlerer Hitze ohne Deckel etwa 20 Minuten kochen lassen, bis ein dickflüssiger Sirup entstanden ist. Vom Herd nehmen und abkühlen lassen.

3. Die Orangenscheiben und den Orangenlikör in den Zuckersirup geben und über Nacht in den Kühlschrank stellen. Mindestens 12 Stunden ziehen lassen. Vor dem Servieren eventuell noch etwas Orangenlikör hinzugeben.

Tip!

Reichen Sie auch einmal cremiges Orangeneis zu diesen eingelegten Orangen.

Honigmelone mit Kokosmilch

Täng Thai Naam Gatih

Zutaten für 4 Personen:
1 Honig- oder Kantalupmelone
1 Dose Kokosmilch (400 ml)
5 Eßl. Palmzucker oder
brauner Zucker
1 Päckchen Vanillinzucker

Gut vorzubereiten

Pro Portion etwa:
610 kJ/150 kcal
1 g Eiweiß · 0 g Fett
34 g Kohlenhydrate

- Zubereitungszeit: etwa 1 1/2 Stunden (davon 1 Stunde Kühlzeit)

1. Die Melone schälen, längs in Viertel schneiden und die Kerne entfernen. Die Viertel in mundgerechte Stückchen schneiden und etwa 1 Stunde in den Kühlschrank stellen.

2. Die Kokosmilch mit dem Palm- oder braunen Zucker sowie dem Vanillinzucker unter Rühren leicht erhitzen, bis sich der Zucker auflöst. Die Kokosmilch abkühlen lassen und ebenfalls in den Kühlschrank stellen.

3. Die gekühlten Melonen in eine Schüssel geben und mit der Kokosmilch übergießen.

Tip!

Sie können die Melone auch längs halbieren und mit einem Kugelausstecher runde Kugeln aus dem Fruchtfleisch herausdrehen. Die Melonenkugeln und die Kokosmilch später dann in der Fruchtschale auf zerstoßenem Eis servieren.

Im Bild oben: Eingelegte Orangen
Im Bild unten:
Honigmelone mit Kokosmilch

Mango mit Klebreis

Khao Niau Muun Mamuang

Zutaten für 4 Personen:
100 g Klebreis
1 kleine Dose Kokosmilch (200 ml)
1/2 Teel. Speisestärke
Salz
3 Eßl. Zucker
2 reife asiatische Mangos (am besten aus Thailand oder von den Philippinen)

Berühmtes Rezept

Pro Portion etwa:
800 kJ/190 kcal
3 g Eiweiß · 1 g Fett
43 g Kohlenhydrate

- Quellzeit: etwa 12 Stunden
- Zubereitungszeit: etwa 40 Minuten

1. Den Klebreis etwa 12 Stunden oder über Nacht in kaltem Wasser einweichen. Danach auf einem Sieb gut abtropfen lassen.

2. Den Klebreis in einen Topf geben und so viel Wasser einfüllen, daß der Wasserspiegel etwa 1 cm über dem Reis steht. Den Reis zum Kochen bringen und zugedeckt bei schwacher Hitze etwa 20 Minuten garen. Das Wasser soll dabei vollständig vom Reis aufgesogen werden. Den Reis bei geöffnetem Deckel auskühlen lassen.

3. Von dem dicken Teil der Kokosmilch 2 Eßlöffel abnehmen und in einen Topf geben. Mit der Speisestärke, 1 Messerspitze Salz und etwa 8 Eßlöffel Wasser glattrühren und einmal aufkochen lassen. Die Sauce zur Seite stellen.

4. Die übrige Kokosmilch mit dem Zucker und 10 Eßlöffeln Wasser mischen und aufkochen. Vom Herd nehmen, den Klebreis hinzufügen und gut unterrühren.

5. Die Mangos mit einem scharfen Messer schälen, das Fruchtfleisch vom Kern lösen und in Scheiben schneiden.

6. Den Klebreis auf vier mittelgroßen Tellern verteilen, die Mangoscheiben daneben legen. Über den Klebreis die Kokossauce gießen.

Kokos-Eis

Aiskriim Gati

Zutaten für 4 Personen:
1 Dose junges Kokosnußfleisch in Sirup (400 ml)
2 Dosen Kokosmilch (je 400 ml)
100 g Zucker

Gut vorzubereiten

Pro Portion etwa:
1900 kJ/450 kcal
5 g Eiweiß · 34 g Fett
33 g Kohlenhydrate

- Zubereitungszeit: etwa 20 Minuten
- Gefrierzeit: etwa 5 Stunden

1. Das Kokosnußfleisch abtropfen lassen, den Sirup dabei auffangen. Die Kokosmilch mit dem Sirup und dem Zucker vermischen und etwa 3 Minuten unter ständigem Rühren bei schwacher bis mittlerer Hitze erwärmen, aber nicht kochen lassen.

2. Das Kokosnußfleisch in kleine Würfel schneiden und unter die Kokosmilch rühren. Das Eis in eine Eismaschine füllen und nach Vorschrift gefrieren lassen. Sie können das Eis auch im Gefrierfach des Kühlschranks gefrieren lassen. Dann sollten Sie das Eis ab und zu umrühren, damit sich die Kokosnußstückchen nicht am Boden absetzen.

Tip!
Servieren Sie das Eis mit frischen exotischen Früchten oder mit Kokoslikör.

Bild oben: Mango mit Klebreis
Bild unten: Kokos-Eis

Bananen im Teigmantel
Kluay Tod

Zutaten für 4 Personen:
2 große Bananen
50 g Tempuramehl
1 Eßl. Zucker
Salz
3 Eßl. Kokosflocken
1 Eßl. helle Sesamsamen
1 l geschmacksneutrales Pflanzenöl
4 Eßl. flüssiger Honig

Preiswert · Schnell

Pro Portion etwa:
2100 kJ/500 kcal
3 g Eiweiß · 28 g Fett
60 g Kohlenhydrate

- Zubereitungszeit: etwa 20 Minuten

1. Die Bananen schälen, der Länge nach halbieren und jede Hälfte noch einmal quer in 2 gleich große Teile schneiden.

2. Das Tempuramehl mit knapp 1/8 l Wasser, dem Zucker und 1 Prise Salz so anrühren, daß ein klumpenfreier, zähflüssiger Teig entsteht. Die Kokosflocken, die Sesamsamen und eventuell noch etwas Wasser hinzugeben und alles gut verrühren.

3. Das Öl in einem Topf erhitzen. Es ist heiß genug, wenn an einem hölzernen Kochlöffelstiel, den Sie ins heiße Fett tauchen, kleine Bläschen aufsteigen. Die Bananenstücke im Teig wenden und im schwimmenden Fett in etwa 2 Minuten goldbraun ausbacken. Mit einem Schaumlöffel aus dem Öl heben, gut abtropfen, auf Küchenpapier abfetten lassen. Die Bananen auf einer Platte anrichten, mit Honig beträufeln und servieren.

Gebackene Ananasringe
Sapparot Tod

Zutaten für 4 Personen:
8 Ananasringe aus der Dose
100 g Tempuramehl
Salz
5 Eßl. Honig
1 Eßl. Zitronensaft
1 l geschmacksneutrales Pflanzenöl

Schnell · Gelingt leicht

Pro Portion etwa:
2100 kJ/500 kcal
3 g Eiweiß · 28 g Fett
60 g Kohlenhydrate

- Zubereitungszeit: etwa 20 Minuten

1. Die Ananasringe abtropfen lassen, den Saft dabei auffangen. Das Tempuramehl mit knapp 1/4 l Ananassaft (wenn nötig, mit Wasser auf die benötigte Menge auffüllen) und 1 Prise Salz klumpenfrei anrühren, bis ein zähflüssiger Teig entsteht. Bei Bedarf noch etwas Wasser untermischen.

2. Den Honig mit dem Zitronensaft verrühren.

3. Das Öl in einem Topf erhitzen. Es ist heiß genug, wenn an einem hölzernen Kochlöffelstiel, den Sie ins heiße Fett tauchen, kleine Bläschen aufsteigen. Die Ananasringe in dem Tempuramehlteig wenden und im schwimmenden Fett in etwa 2 Minuten goldbraun ausbakken.

4. Die Ananasringe mit einem Schaumlöffel herausnehmen, gut abtropfen und auf Küchenpapier abfetten lassen. Die Ananasringe mit dem angerührten Honig servieren.

Variante:
Sie können statt Ananas auch einmal geschälte und in Scheiben geschnittene Äpfel verwenden. Das Kerngehäuse aus der Mitte herausstechen.

Im Bild oben:
Bananen im Teigmantel
Im Bild unten:
Gebackene Ananasringe

REZEPT- UND SACHREGISTER

Zum Gebrauch

Damit Sie Rezepte mit bestimmten Zutaten noch schneller finden können, stehen in diesem Register zusätzlich auch beliebte Zutaten wie Hühnerfleisch oder Garnelen – ebenfalls alphabetisch geordnet und halbfett gedruckt – über den entsprechenden Rezepten.

IMPRESSUM

Auf der Umschlag-Vorderseite sehen Sie Fleischspießchen mit Erdnußsauce (Rezept Seite 16)

Bezugsquellen für asiatische Lebensmittel:

Asia Markt
KIM HA
Donauwörther Straße 224
86154 Augsburg
Tel. 0821/ 41 42 32
Fax 0821/41 43 97

Fa. Mai Ling
Westenriederstraße 8a
80331 München

Das Original mit Garantie

Ihre Meinung ist uns wichtig. Deshalb möchten wir Ihre Kritik, gerne aber auch Ihr Lob erfahren, um als führender Ratgeberverlag für Sie noch besser zu werden. Darum: Schreiben Sie uns! Wir freuen uns auf Ihre Post und wünschen Ihnen viel Spaß mit Ihrem GU-Ratgeber.

Unsere Garantie: Sollte ein GU-Ratgeber einmal einen Fehler enthalten, schicken Sie uns bitte das Buch mit einem kleinen Hinweis und der Quittung innerhalb von sechs Monaten nach dem Kauf zurück. Wir tauschen Ihnen den GU-Ratgeber gegen einen anderen zum gleichen oder ähnlichen Thema um.

**Ihr Gräfe und Unzer Verlag
Redaktion Kochen
Postfach 86 03 25
81630 München
Fax: 089/41981-113
e-mail: leserservice@graefe-und-unzer.de**

Redaktion: Cornelia Schinharl
Layout: Ludwig Kaiser
Typographie: Robert Gigler
Gesamtherstellung:
BuchHaus.Robert Gigler.GmbH
Fotos: Odette Teubner,
Dorothee Gödert,
Peter Lüffe (Seite 4, 5, 6)
Umschlaggestaltung:
Heinz Kraxenberger
Reproduktionen:
Paul Pfau GmbH & Co. KG
Druck und Bindung:
Druckhaus Kaufmann, Lahr
ISBN 3-7742-1526-X

Auflage 11. 10. 9.
Jahr 03 02 01

Thidavadee Camsong
wurde 1963 in Ratchaburi, Thailand, geboren und studierte nach dem Abitur Marketing an der »Siam Commerce School« in Bangkok. Nebenher erlernte sie die klassische thailändische Küche im Restaurant ihrer Mutter. Nach ihrem Examen arbeitete sie als Verkaufs-Managerin in einem Bangkoker Reisebüro. Seit ihrer Heirat mit einem Deutschen 1989 lebt sie in Deutschland. Sie gibt Kochkurse für thailändische Küche an der Volkshochschule. Außerdem spielt sie klassische Musik auf dem Instrument »Khim«, mit dem sie bei thailändischen Festen auftritt und ihr Heimatland repräsentiert.

Odette Teubner
wurde durch ihren Vater, den international bekannten Food-Fotografen Christian Teubner ausgebildet. Heute arbeitet sie ausschließlich im Studio für Lebensmittelfotografie Teubner. In ihrer Freizeit ist sie begeisterte Kinderporträtistin – mit dem eigenen Sohn als Modell.

Dorothee Gödert
arbeitete nach ihrer Ausbildung zur Fotografin zunächst im Bereich Stillife- und Interieurfotografie. Nach einem Aufenthalt in Princton/USA spezialisierte sie sich auf Food-Fotografie. Sie war bei namhaften Food-Fotografen tätig. Seit April 1988 fotografiert sie im Fotostudio Teubner.